李海峰　李珂　主编

突破式沟通

困难沟通，
有沟必通

华中科技大学出版社
http://press.hust.edu.cn
中国·武汉

图书在版编目(CIP)数据

突破式沟通:困难沟通,有沟必通/李海峰,李珂主编. —武汉:华中科技大学出版社,2023.11(2023.12重印)

ISBN 978-7-5772-0088-0

Ⅰ.①突…　Ⅱ.①李…②李…　Ⅲ.①人际关系学-通俗读物

Ⅳ.①C912.1-49

中国国家版本馆 CIP 数据核字(2023)第 193197 号

突破式沟通:困难沟通,有沟必通　　　　　　　　　　　　李海峰　李珂　主编
Tuposhi Goutong:Kunnan Goutong,Yougou Bitong

策划编辑:沈　柳
责任编辑:康　艳
封面设计:琥珀视觉
责任校对:刘　竣
责任监印:朱　玢
出版发行:华中科技大学出版社(中国·武汉)　　　电话:(027)81321913
　　　　　武汉市东湖新技术开发区华工科技园　　　邮编:430223
录　　排:武汉蓝色匠心图文设计有限公司
印　　刷:湖北新华印务有限公司
开　　本:880mm×1230mm　1/32
印　　张:7.75
字　　数:153 千字
版　　次:2023 年 12 月第 1 版第 2 次印刷
定　　价:50.00 元

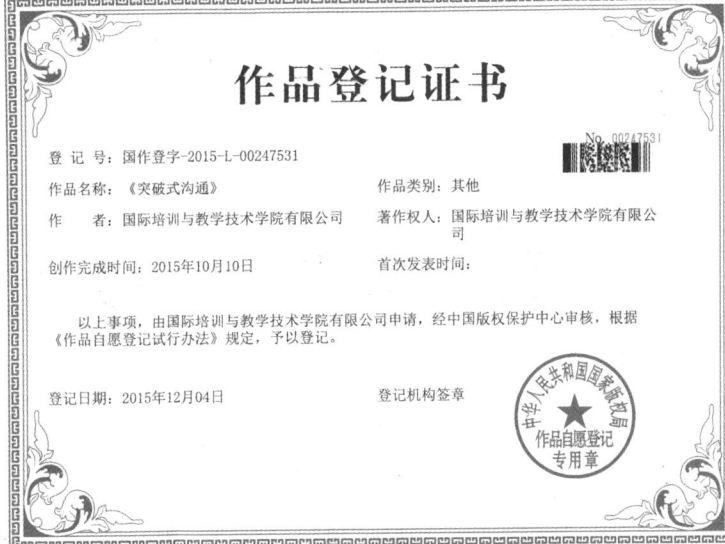

作品登记证书

登 记 号：国作登字-2015-L-00247531

No. 00247531

作品名称：《突破式沟通》　　　　作品类别：其他

作　者：国际培训与教学技术学院有限公司　著作权人：国际培训与教学技术学院有限公司

创作完成时间：2015年10月10日　　　　首次发表时间：

　　以上事项，由国际培训与教学技术学院有限公司申请，经中国版权保护中心审核，根据《作品自愿登记试行办法》规定，予以登记。

登记日期：2015年12月04日　　　　登记机构签章

中华人民共和国国家版权局
作品自愿登记
专用章

《突破式沟通》作品登记证书

困难沟通，有沟必通

5月1日—3日，DISC＋社群做了李珂老师亲授的突破式沟通授权讲师包班课。我为这个课程提炼了8个字的宣传语："困难沟通，有沟必通。"

什么是困难沟通？

我出几个题目，你看看能不能回答。

题目一：你是供电公司员工，供电公司把两家的电表安装反了。两家的用电量差很多，用少付多那家道歉不管用，用多付少那家不肯补钱，同事沟通一个月无果，现在由你接手，你要怎么办？

题目二：你是银行网点主管，大客户新开的账户名字写错了，200万元货款没法入账，客户觉得银行让他损失了200万元，坚决要求赔偿，现在要你去处理，你要怎么办？

题目三：你是爸爸，孩子处于青春期。孩子的妈妈比较爱唠叨，你曾劝过她，但是你越劝，她越生气。有一天，妈妈和孩子突然因为小事争起来，孩子大声吼了起来。这时候，你要怎么去沟通？

题目四：你是妈妈，孩子早恋了。你希望她把更多的时间和精力放在学习上，你要怎么去沟通？

如果对于上面的问题，你都没有解决思路，那么，你在现实生活中就只能匆忙上阵，大概率要打败仗。如果你要经常面对这些问题，那么处理不好，给你带来的损失一定不小。

这就是我定义的困难沟通：普通人没有解决思路，在生活、工作中又高频出现的沟通。

上面4个问题涉及职场、家庭，解决方案涉及身份定位，涉及同理心沟通，涉及具体的执行策略。

这本书分成两个部分。第一部分，是李珂老师对突破式沟通这个国际版权课程做的完整的理论阐述。第二部分，是学习突破式沟通授权包班课的授权讲师谈他们对突破式沟通的理解和运用。希望可以帮助大家吸收这门课程的精华。

我还放上了各授权讲师的二维码，如果大家有更具体的问题无法找到解决思路，可以加微信进行交流。

最后希望这本书可以协助大家更好地进行沟通。

李海峰

2023 年 8 月 27 日

导言

我有位朋友林姐姐有段时间肩膀很痛，痛得晚上睡不着，手臂也完全抬不起来。有人给她介绍一位很厉害的专家，我陪她去找这位专家看病。

专家做完检查，就告诉林姐姐："你这不是什么大毛病，就是得肩周炎了。也没有什么特别好的办法。我等会儿教你几个动作，你回家多活动、多锻炼，做做热敷理疗，过一年就好了。今天我先给你做个推拿。"

没想到刚一上手，林姐姐就痛得快晕过去了，实在受不了，求专家给她做个小针刀之类的小手术算了。

专家说："做什么手术！手术也治不了。本来推拿效果就最好，但是你太娇气了，这点痛都受不了……你也是，为什么要拖到这么严重了才来看医生？懂不懂要爱惜自己的身体这个道理！"

林姐姐一听这话，不乐意了："这么痛谁受得了？这治疗靠谱吗？你是医生就可以这样训病人吗？"

两个人差点没当场吵起来。林姐姐气鼓鼓地离开了这家医院。

我们站在局外想想，相信这位专家也会觉得我这位朋友不可理喻，从治病角度看，事情不就是这样吗？治疗肩周炎没有什么一招就搞定的办法，又不是断胳膊断腿的事。谁得了肩周炎不痛？早点不来，痛成这样才想起来找医生？医生又不是神仙，只需一招就没病没痛了？

在这件事上，两个人各有各的道理，表面上看谁也没有故意抬杠，最后却是不欢而散。专家说的话病人听不进去，病人对专家也没好印象。最后病没治好，专家的口碑也多少受影响。

但是事情到这里还没有结束，林姐姐的肩膀还是痛，简直没办法正常工作生活，于是她又换了一位专家试试。

这次这位专家怎么说呢？

"哎哟，肩周炎痛起来很难受的，你这段时间不好过吧。"

林姐姐一听，感觉找到理解自己痛苦的人了，回答说："是啊，特别痛。其实有几个月了，但是我太忙了，老想着再顶一顶。实在顶不住了，这才想着上医院。就这还一堆工作等着我呢。"

"嗯，太忙了是吧，你一看就是当老板的，不容易啊！现在真是疼得顶不住了吧。"专家又加了一句："那可得赶紧好好治疗，别再耽误工作了！"

林姐姐一听，非常认真地请教专家该怎么治。这位专家给她的建议其实和前一位专家差不多：日常康复锻炼，做理疗热敷，做推拿。

林姐姐跟专家说受不了推拿的痛，专家也认同她的感受，"太痛了还是要先缓解疼痛。先做理疗吧，等疼痛缓解了，再做推拿。"

林姐姐特别开心："好，医生，我听您的，先在您这里做理疗。医生，您真是又专业，人又好！"

后面林姐姐虽然还是花了几个月才彻底解决了肩膀痛的问题，但是过程中林姐姐一直很配合这位医生，后续恢复得比较顺利。而对医生来说，谁不喜欢病人乖乖遵医嘱呢？

事情还是那个事情，沟通不一样，效果就有很大区别。其实仔细一想，两个医生给出的诊断结论、治疗方法并没有本质的不同。为什么作为患者来说，面对第一位医生就是不信任，而对后一位就愿意听话照做呢？

很多人都会觉得第二位医生更温柔善良，第一位医生可能比较严肃，其实本质是两位医生的沟通方式不同。第一位医生只关注病，第二位医生关注的是人。在这个基础上，他们的沟通方式也完全不同。第一位医生沟通时只站在自己的立场和观点试图强势说服对方，甚至会用批评指责的方式，看不到对方的情绪和诉求。这就是典型的"抬杠式沟通""讲理式沟通"，一不小心就会引起争执。

我们在日常的生活和工作中，都希望能够顺顺利利地沟通。好的沟通能帮助我们发展人脉，找到支持和资源，充分享受爱的陪伴和交流。但现实却经常不尽如人意，每个人可能都遇到过上司难应付、下属不听劝、客户难缠、青春期孩子叛逆、伴侣莫名争吵……和他们之间发生的沟通障碍是我们拥有幸福和成就的拦路虎。为何我们明明对沟通有着良好的愿望，却难以实现呢？

其实这一点很多人都了解，也曾经看过很多关于沟通的分析文章或书籍，甚至参加过沟通培训，知道要有同理心、要倾听、要回应……但好像还是不能好好地沟通。我曾经也是这样，学了很多，还是处理不好。

直到后来我学习了心理学，真正了解了沟通障碍后面的心理因素，才明白为什么那么多好的沟通策略和技巧我们用不好。

大多数效果不好的沟通，都是因为我们进入了一种"抬杠式沟通"的状态。一听到"抬杠"这个词，大家是不是就联想到了"杠精"——遇到什么事，不管有没有道理都要反驳。不是所有的无效沟通都在抬杠，但其实我们在现实交流中常会遇到这种情况：从表面看可能不是"杠精"，双方看着还特别理性，其实暗地里都在抬杠（也就是讲道理），以为道理对了沟通就顺畅了。

沟通双方的潜台词是"我是对的，你得听我的""我是为你好""你什么都不懂""你怎么这么情绪化"……类似这样的话，是不是一想起来都感觉血压开始飙升。

这些话看似很善良、很理性，其实一旦说出口，就已经阻断了双方的交流，只是单方面说理，根本不管对方愿不愿意听，听不听得进去，听不听得懂。在这种情况下，对方已经根本接收不到信息了。因为"讲道理"的潜意识画面是"我高你低""我对你错"，这会激发对方的防御心理，说什么对方都本能地想反驳。两个人的沟通渠道也因此关闭了，也就是我们常说的"沟而不通"。这样的沟通就算说得都对，却达不到想要的效果，没有意义。

沟通的效果取决于对方的反馈，却可以由我们自己掌控。由此，我在我的老师、被称为"华人NLP之父"的李中莹先生的指导下，和好友徐珂老师一起研发了"突破式沟通"。

突破式沟通简单来说就是NLP沟通技巧"先跟后带"的具体应用。什么是"先跟后带"呢？

我们先来设想这样一个场景：你说想去北京旅游，我却劝说你应该去南京。如果我坚持己见，非要说服你，而且还告诉你："北京没意思，你真没眼光！"你有什么感觉？是不是多半会觉得很不服气，凭什么你说去南京就去南京？

如果用"先跟后带"的沟通技巧，我就需要先跟着你的想法来。首先我得了解你的想法，为什么你想去北京呢？也许你会告诉我，因为你听说北京是古都，有很多历史文化古迹，有深厚的人文气息。这时候，我会认同你的需要："是啊，北京的确太有历史感了！原来你喜欢这一类的旅游，到底是文化人啊！"

然后我再告诉你："南京也是古都，也有很多历史文化古迹，有深厚的人文气息，更妙的是你还可以顺带去看看苏州、扬州和杭州等等历史文化名城，你愿意考虑去看看吗？"如果我这样说，你是不是很可能会对南京有兴趣了？

你想"带"一个人去你认为好的方向，不能直接上来就说南边不好，或者直接说北边才好。你得先站在他的视角上去看问题，去体会他的情感、身份和想法。甚至很多时候，我们都不需要完全理解对方。我们只需要做一件事，就是重复对方的话"噢，你是想去北京看历史文化啊"，就已经足够了。重复对方的话，其实是在表达"我是认真地了解了你的感受和想法的"。这种愿意试着去理解对方、认可对方、尊重对方的态度，就是先跟后带的"跟"。

沟通为什么会困难，为什么会起冲突？根本原因是双方没有真正理解对方，甚至感受对方，总是很自以为是地认为我是对的，对方应该听我的。

真正进入交流状态后，你会发现很多时候表面不同的意见，背后都有共同的价值。无论是去南京，还是去北京，都是为了感受历史文化，而你的意见，一点儿也不强迫对方，只是增加了对方的选择，对方当然愿意听。这一步就是"带"。

"抬杠式沟通"，往往是把对方推到一个对立的立场上，结果是削减了双方的选择权。而"先跟后带"，就是在沟通中，本质上不认死理，看到彼此真实的需要、深层的需求，通过共同的探讨，创造更多的选择和机会。

说到这里，大家应该大概理解什么是"先跟后带"了。"先跟后带"正是整个突破式沟通的核心，但是只理解这个理念还不足以应对各种困难。做好一件事，需要有"道"，还需要有"术"，所以我们把"先跟后带"拆分成一套易懂、易操作的方法，简称为"335 密码"。

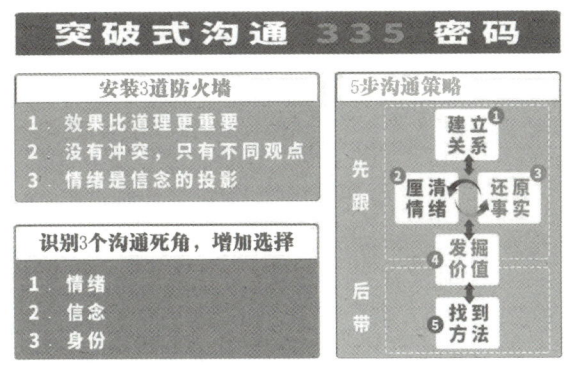

第一个 3 是 3 道防火墙，这是"沟通内功"。

第二个 3 是识别并破解 3 个沟通死角，这是"沟通基本功"。

5 是 5 步沟通策略，这是"沟通招式"。

3	3 道防火墙	第一道防火墙：效果比道理更重要
		第二道防火墙：没有冲突，只有不同观点
		第三道防火墙：情绪是信念的投影
3	识别 3 个沟通死角	情绪
		信念
		身份
5	5 步沟通策略	第一步，建立关系。只有对方认可彼此有沟通关系，愿意听你说了才沟通，否则就不要轻易去沟通
		第二步，厘清情绪。有情绪的时候，要先处理情绪，再处理问题。通过情绪觉察自己和他人的信念价值观
		第三步，还原事实。区分事实与观点，在事实的基础上沟通
		第四步，发掘价值。找出哪些价值是沟通双方共同认可的
		第五步，找到方法。在共同价值的基础上，找出彼此都接受的解决问题或者争议的方法

本书的内容围绕着 335 密码展开，带领大家轻轻松松掌握突破式沟通的技巧。

最后，在导言结束之前，我想讲一个故事，带着大家思考，能不能用"先跟后带"避免一个悲剧。

讳疾忌医的故事大家应该都有印象。蔡桓公有错，因为他讳疾忌医，他不听专家的话。但是，现在我邀请你代入真实的场景中去想一想，扁鹊的沟通方式是不是也有些不妥当，没能更好地治病救人呢？

这个情况就好比一位老板正和所有高管一起开会，他新请的保健医生一推门就进来了。医生一进门就盯着老板看，看了一会儿就特别严肃认真地对老板说："老板，你有病！"你要是老板，感觉自己身体倍儿棒，对着一帮高管，正计划着大展宏图呢，你听到这句话，会是什么心情？肯定是心想："你才有病吧！"为了维护尊重人才的名声，还不好当面发作，只能随意说几句糊弄过去。这就是一个普通人非常正常的心理反应。蔡桓公虽然位高权重，但他也是一个普通人啊。

扁鹊第一次沟通无效后，还一而再，再而三地这样和蔡桓公说话，让人怎么能接受呢？结果就是蔡桓公因病去世了，扁鹊只得逃到秦国。这难道不是医生和病人的双重悲剧吗？

如果现在你就是扁鹊，你觉得这种试图以理服人的沟通模式可以改变吗？你又打算怎么进行突破式沟通呢？

李珂

2023 年 9 月 20 日

第四章　突破式沟通实践案例

第 一 章

三道防火墙

很多卓越的沟通高手，他们的深层次信念中的"前提假设"可以保证他们的沟通效果比一般人的好。这就是他们沟通中的防火墙。

第一道防火墙：效果比道理更重要

朋友老严是中国移动的培训师，他有一次去北京，出了机场之后，发现没有收到"北京欢迎您"的短信，他就特意找了附近的一个中国移动服务厅去考验一下营业员的服务水平怎么样。

老严"凶巴巴"地问："怎么回事，我下飞机这么久了，竟然没有收到'北京欢迎您'的短信，难道北京不欢迎我？"

门口的姑娘先是愣了一下，然后马上一个 90 度鞠躬，同时大声说："先生，您好！我代表北京欢迎您！"

结果老严没绷住，"噗"的一下笑出声，事情就解决了。这就叫"效果比道理更重要"。

公司的一位骨干员工向老板反映："老板，您今天又给我布置了两项任务，我想跟您反馈一下，最近我手上的事太多了，我真的干不完，我这一两个月每天都是晚上10点以后才下班。再这样下去，我的身体都不行了。老板，您看……"

"是啊是啊，最近是挺忙的。我也知道你确实每天晚上干到10点，的确辛苦。只是你知不知道，你们团队有同事干到半夜两三点。大家都很辛苦，没有谁在偷懒，别人比你更辛苦。"

员工就开始不高兴了，他说："照这么说，看来我在这个公司是干不下去了，我没本事撑下去，我只好走人了。"

老板推心置腹地说："现在外面竞争很激烈，你看你的能力很一般，身体又这么差，加个班都顶不住，你在公司，我们大家都很照顾你、尊重你，考勤也松，你的收入也还不错，外面哪有这么好？"

员工越想越气："我倒是要出去，活给你看看。"然后一拍桌子，辞职走人了。

通过这两个故事，大家是不是能更进一步体会到，为什么效果比道理更重要。很多人特别爱讲道理，结果人际关系很不好，没人听他们讲道理，最后还把生活、工作弄得一团糟。

你那么正确，你和你老婆不都闹离婚了吗？

你那么正确，你的同事和老板不也烦你吗？

你那么正确，你的客户不都跑了吗？

你那么正确，你家孩子不是离家出走了吗？

这些话真是一刀扎在爱讲道理的人的心口上啊！他们怎么也想不通，为什么自己的道理行不通呢？我们从小不是受教育说"有理走遍天下，无理寸步难行"吗？

爱讲道理的人，他们有个限制性的信念就是，只要我是对的，其他人就应该听我的。这个信念错了吗？没错，这个世界要是没有是非对错，不就乱套了吗？道理和对错非常重要，是我们对很多事物的评价标准。可是当我们需要和活生生的人打交道，特别是做深度沟通的时候，我们就不能只讲道理，而是要先关心人的需要。

- 只强调道理正确而没有效果，可以说是自欺欺人；
- 没有两个人的道理是完全一样的，讲道理就是在争对错；
- 要穿越对错看效果，这是成熟的沟通心态；
- 讲道理把焦点放在过去，看效果则把焦点放在未来；
- 没有效果的道理没意义。

这个世界上每一个人都有自己的想法，每个人的立场、视角、观点都是不一样的。而且每个人在面对事情的时候，也总免不了掺杂自己的感情，价值取向也会有很大差异。以为万事有对错，用讲道理的方式去沟通的人，最终都不容易有好的沟通效果。

关于沟通，我建议大家学会"穿越对错看效果"：对错争论应该服务于沟通效果，而不能凌驾于沟通的效果之上。

比如说妻子觉得每天都要打扫卫生，东西都要整整齐齐的。丈夫却觉得，两三天打扫一次就足够了，东西乱一点也没关系。结果夫妻二人天天为这事吵架，搞得家里鸡飞狗跳。请大家深入地想一想，我们为什么要结婚？不是为了让自己更加幸福和快乐吗？可是为了这些事吵架，不是违背了结婚的初衷吗？

很多人认为，婚姻就是爱情的坟墓！其实很多时候，仅仅是夫妻俩太不会沟通了。如果我们不能跳出每个人自己的道理，坚持认为自己是对的，不去理解对方，再深厚的感情也会被慢慢消磨掉。如果双方不再坚持"我最正确"，多看看"我们可以共同创造什么不同"，好好沟通、慢慢经营，那即使以前的感情只有 60分，最后也能经营成 90 分或 100 分。所以，在婚姻中，我们要懂得穿越我们每个人的对错，去扩大"家庭幸福"这个最终效果。

在工作中，完成业绩、服务好客户、达成既定的目标、团队齐心合力做事……是所有员工共同追求的效果。如果不考虑这些效果，每天都在争论我的判断对还是你的想法对，那么每天都会有吵不完的架。

请大家认真反思，在生活和工作中，我们是否也经常坚持自己的观点，没有去关注沟通的效果呢？建立起心中的沟通防火墙，相信"效果比道理重要"，训练自己"穿越对错看效果"的能力。试试看会有什么不同吧！

第二道防火墙：没有冲突，只有不同观点

一说起沟通，就绕不开一个词——冲突。对于优秀的沟通者来说，没有真正意义上的冲突，冲突反而是一次沟通的机会；大多数人面对冲突，往往采用两种方法：逃避、情绪转移。

逃避冲突，最后往往演化为更大的冲突。我认识一对老人，伯母喜欢唠唠叨叨，伯父很不喜欢冲突，因此他总是不说话，听任伯母唠叨，压制着情绪。然后过了一段时间，伯父就会突然爆发一次，在家里大吼大叫，把伯母吓得不敢吱声。这就成了他们婚姻中的一种模式了。每过一段时间重复一次，非常不利于夫妻关系的稳定。

某人服务客户时，尽量避免冲突；对领导、对下属也尽量避免冲突。结果他把压抑的情绪带回家，带给自己最亲的人。这叫情绪转移。

情绪转移也可能转到自己身上，对谁也不起冲突，将能量压在自己的心底，结果使自己的性格发生变化，甚至伤害身体，例

如头疼、消化疾病。其实良性的冲突更是一次深度沟通、改善关系的机会，所谓"不打不相识"就是这个道理。

举个例子，妻子在家里总是做好了饭，等丈夫回来，但丈夫可能太忙了，经常很晚才回来，妻子就抱怨："你怎么总是回来得这么晚？"丈夫说："没办法，忙。"妻子为了避免冲突，就忍着气不说，很可能因为某件小事而大爆发一次，搞得丈夫莫名其妙，或者长时间忍耐，最终身心受伤。

比较好的做法就是干脆直面冲突。妻子可以在丈夫又一次晚归的时候，很严肃地对他说："你经常晚归，又不通知我，不方便打电话的话，发个信息也行。你什么都不告诉我，总是我在家里把菜做好了，冷了又热，热了又冷。我希望你以后能通知我一声，即便回来得晚，也让我知道什么时候开饭或者让我自己先吃。你不能这样子，我不接受你现在这样。"

丈夫也很委屈，他可能会回答："我不是故意的呀，我是因为在开会或者跟客户在一起，才没有时间通知你的呀！"

两个人可能因此就吵起来了，吵完之后，反而可能有个好的结果：丈夫突然理解妻子每天都等他回家的焦虑心情。妻子也了解到，原来丈夫在外面这么忙，要开会、接待客户。两个人于是协商出一个办法，一起解决这个问题。

这就是一个通过冲突达成共识，然后修复关系的例子。

职场里也有这样的例子。有一天，一位客户跑到一家私人银行的柜台大吵大闹，因为他收的一大堆现金里面有三张假钞，他说是银行的人故意害他："你们这帮骗子，你们肯定是故意放在里面的，你们要害死我。我这要是把假钞给了我的客户，那会出现什么状况？"

客户非常生气，柜员都被吓呆了。这家银行的私人客户经理觉得："我的天哪，机会来了。"他从办公室里冲出来，飞快地冲到发火的客户跟前，惊慌地说："先生，您收到假钞了呀？"

客户吓一跳，本能地回答："是啊，我收了三张。"

"天哪，还有三张，那您该多生气啊？"

"是，我能不气吗？"

"假钞要是给了您的朋友、您的生意伙伴，那可就麻烦大了！"

"可不是嘛！我刚才就在说这个事……"

"来来来，您跟我说一下是怎么回事，我给您倒水喝。"

客户就被他拉到办公室里聊天去了。过了一会儿，那间屋子里传出来两个人的欢声笑语。

这个客户经理轻易把一个投诉的客户、一个大吵大闹的客户，变成了他的一个忠实大客户。

这个客户经理是不是很聪明？

会处理冲突的人，从来都不会被冲突带到情绪的陷阱里去，他们内在都有一个深层次的信念：没有真正的冲突，所谓冲突只是我和别人观点不同而已。

婆婆跟儿媳妇抱怨："怎么回事？今天这个汤怎么做得这

么咸？"

如果儿媳妇心想："你这是故意挑剔我吗？"可以想象，两个人一定会因为这点小事吵起来。可是如果儿媳妇觉得"没有冲突，只有不同观点"，婆婆认为汤咸了只是她的一个观点而已，就会说："噢，您觉得汤咸了，那我以后做淡点。"冲突就没了。因为儿媳妇根本不觉得婆婆是针对她的，充分掌握了"没有冲突，只有不同观点"。

小李的经理有一天对他说："小李，你那个报告怎么还不交？你最近是不是在偷懒？"

如果你是小李，你不需要去注意上司话中的那个词"偷懒"，你只需听到他的观点：他认为在他认定的时间内，你没有交报告。你一定是在摸鱼打混，这是他的一个想法而已。所以，你就可以去顺着他的话往下说："经理，是的，最近大家都挺忙的，可不能偷懒。"你接着说："这个报告，我是这么想的……（希望把它写到什么程度，最近查阅了什么资料，还有一个什么观点，想把它加进去……）经理，你看我这样做可不可以？如果下周三给你，会不会太晚？"

你看，没有必要去争论"偷懒"还是"没偷懒"，对不对？

当我们真的"装上防火墙"了，就不会被对方的言行、情绪牵着走，而是牢牢地站在自己的中心点，冷静地分析对方的观点和我们自己的观点，用同理心描述对方的心情、感受，重复对方的言行。这就是我们说的"先跟"。

处理冲突的五个小招式：

• 处理冲突的五招之一：同理心回应——同步对方的言语、情绪。

例如："天呐，你收到假钞了呀！难怪你这么生气。这要是给了你的生意伙伴，那还得了?!"

• 处理冲突的五招之二：肯定动机——说出对方背后的想法。

例如：（在方案讨论会上，同事提出不同意见。）"是，我看得出来，你特别认真。我们都想给客户一个好方案，对吗？"

• 处理冲突的五招之三：认同身份——"秒变同伙"。

例如：（两个学生都想抢第一排的中间位置，方便听大咖讲课，于是吵得很厉害。）"看得出来，你们都想坐第一排（同理心）。是的，坐第一排的全都是 xxx 老师的忠实粉丝（秒变同伙）。你们看，xxx 老师马上就来了，看到你们吵架多不好。"结果其中有一个人立刻就转变态度了，"我不跟你计较"，就坐到其他位置去了。

• 处理冲突的五招之四：情绪抽离——"跳出界外"。

有一位情绪很激动的客户，一直在怒气冲冲地指责。不管别人怎么说，他都不听。这个时候，我有一个办法，就是想象自己变成孙悟空，跳到半空中——虽然身体还在那站着，但是魂儿跑到半空中，看着站在下面的客户和自己。这样，我就可以不带情绪地听客户骂人，嘴里还平静地回应："是啊，对啊，没错，就是，太生气了……"

• 处理冲突的五招之五：打破状态——打岔。

有时候，打岔也是一个好的方法，可以防止情绪升级，等以后平静了再沟通。

例如：一对父母在吵架，孩子跑过去说："爸爸，这道题怎么做呀？"这个父亲一下子愣住了，就停下来不吵了，也可能回归理性沟通。

又例如：银行的客户正在吵闹，客户经理突然冲到接待的银行柜员旁边，着急地说："你有没有听说，最近行里正在给金卡客户发礼品，你问一下你的金卡客户有没有收到？挺好的东西，数量有限。"客户一愣，问："什么礼品？"

第三道防火墙：情绪是信念的投影

大家都知道失控的情绪是会伤人的。常听人说："当时我气得大脑一片空白，都不知道自己在干什么了。"

孩子太淘气了，父母没忍住就动手打了孩子，打得孩子大哭。孩子哭累了后就睡了，父母坐在床边，看着孩子嫩嫩的皮肤上有五道红印子，心里别提有多内疚了，后悔得不得了，心想自己这是怎么了？发这么大的火，对这么小的孩子下这么重的手，自己是疯了吗？很多年轻的父母都有过这样的经历。

恋爱的情侣之间、老夫老妻之间，也会因为情绪失控而说出伤人的话。比如说，一对小情侣为一点小事吵架，吵上头了，大喊："我压根不爱你，可以了吧！"你看这句话多伤人啊，其实根本不是这样的，就是因为情绪失控了，对不对？

不要控制情绪，而要管理情绪

有人问："嗯，你说得对，我要控制情绪，可是情绪真的能控制吗？情绪爆发出来时，我真的能够靠大脑和意识控制住它吗？"

心理学家乔纳森·海特写了一本书叫《象与骑象人》。他在书中打了一个形象的比喻，他说我们的意识就像一个小人，潜意识就是一头非常大、非常大的大象，小人就是骑象人。大象要是发起狂来，那个小人能控制吗？小人很难控制这么大的大象，但是可以跟大象好好沟通，驯服这头大象。

情绪本质是我们潜意识里某种信念的投影，因此我们很难控制、压制它，但是我们可以管理、调整它。下面我们一步步来学习怎样有效地管理和调整自己的情绪。

情绪是信念的投影

情绪到底是怎么来的呢？

我们经常听见有人说："这个熊孩子气死我了。"我们会觉得生气是熊孩子造成的。

"唉，这个报告改了千万遍都改不好，烦都烦死了。"你看，好像烦躁是报告引起的。

我们往往会认为情绪是外界的人、事、物带给我们的，是因为这个人说了不该说的话、这个事情很讨厌等等，所以我们就有情绪了。真是这样吗？

我走在路上，突然有人泼了我一盆水，我一定很生气。怎么回事？我一抬头，结果发现这个人拿着空水盆，在那儿站着，还对着我嘿嘿地笑，眼睛发直，嘴角淌着口水。我的天啊，这是个神经病，我立马就不生气了，而是感到害怕。可是如果我是在参加傣族的泼水节，被人泼了一盆水，我会怎么样？开心极了，快乐得不得了，心想：真是好兆头，一出门就被人泼了一盆水。是不是这样？所以，并不是泼水这件事本身让我们生气、恐惧、开心，而是我们对泼水的不同看法导致的。在潜意识里，我们对外界的人、事、物已经形成了很多相对固定的看法，比如说在路上不可以随便对人泼水、在泼水节上泼水是好事，这些都是我们不会刻意觉察的观念。

在沟通中，情绪本身不重要，情绪背后的信念才是真正要去理解的。这就好比我们开车时看见交通信号灯，我们并不是关注红色还是绿色，我们关注的是"让我走"还是"让我停下"，我们关注的是信号灯背后想表达的意义。如果我们读不懂情绪背后的意义，只纠缠于情绪本身，就会被卡住。

情绪背后的意义

一般来说，兴奋、快乐这些情绪，我们认为是好的、正面的，所以我们容易接纳这些情绪，我们往往不认同愤怒、生气、焦虑、恐惧、痛苦、悲伤、纠结、委屈等等情绪。实际上，这些情绪没有好坏、对错，甚至没有正面和负面之分。

兴奋是一种对将要满足的事情的期待，惊喜就是一个你很想要的结果突然出现了。愤怒是什么？对哺乳动物来说，状况要失控了，它会本能地调动全身的力量，全身绷紧，毛发直立，发出低吼声，准备战斗，好让自己控制住这个状况，这就是愤怒的情绪。人也是哺乳动物，人的愤怒和其他哺乳动物一样，所以愤怒在心理学上的定义是指我们面前的某一种状况（人、事、物）要失控了，我们需要调动全身的力量来掌控这个局面。

哺乳动物有两种本能情绪：一种是愤怒，另一种是恐惧。愤怒让哺乳动物冲上去战斗，恐惧让哺乳动物逃离，所以这是两种最基本的情绪，它们是本能的反应，没有好坏、对错。

看见小偷偷东西，你是不是感觉很愤怒，然后冲上去要抓住他？有一个员工，做同样的事情时，一错再错，而且特别不认真，作为经理，你会不会气得拍桌子骂人？

当我们了解了情绪背后的意义是什么，当我们明白了这个意义之后，就会穿越情绪本身，跟背后的意义沟通。

一位愤怒的客户来到某个店面发脾气投诉。服务人员要做的第一件事是告诉他：我们看见你的"红灯"了，所以，服务人员应立刻回应说："天哪，发生了这样的事，难怪您这么生气。"而不是说"别生气，别生气"。说"别生气"，是在否定客户的情绪，这样他会更生气。

服务人员说完第一句，认同他的情绪之后，接着要表达"今天你可以掌控局面"，因此服务人员可以接着说："我一定帮您解决这个事儿。"这样客户就会有掌控感了。通常发脾气的客户听到这两句话，情绪会不由自主地变得稳定。

每一种情绪背后都有它的意义，我把常见情绪的意义列在下面，供大家沟通时参考。请记住：我们要做的不是消灭情绪，而是理解情绪背后的意义。

愤怒：给我们力量去改变一个不能接受的情况。

痛苦：指引我们前往摆脱痛苦的方向，也可以说是给我们动力去突破和改变。

焦虑、紧张：事情很重要，需要额外的关注和照顾，但已经拥有的资源与能力不足。

恐惧：指引我们找出不必付出的，却原以为需要付出的代价。最大的代价是死亡。

失望：对人、事、物的失望，必然来自想控制他们的企图，无法如愿就失望了；对自己的失望来自于不接受自我，接受自我就是解决的方向。

悲伤：从失去的喜爱的人、事、物中获取力量，使我们更珍惜当下。

委屈：把婴儿时期对父母的情绪投射在成年后的其他人、事、物上，期望他们如婴儿时期的父母一样，全然地理解并照顾自己、爱自己。

理解了情绪背后的意义，人自然就会平静下来。比如，我看着孩子瞎闹腾，我的火气越来越大了。如果我知道这原来是失控造成的，是因为孩子没有按照我想的去做，我没有控制住他，我只不过是想拿回掌控权。可是我对他发火打骂，最终效果会好吗？我一旦意识到这一点，就会发现怒气消减了很多，接着会去想：我如何拿回掌控权，让孩子按我的意思来？这样一来，就不需要动手打孩子了。

如果你正在跟其他人开一个项目的沟通会，越沟通越焦虑，似乎整个项目组的氛围都越来越紧张了，你意识到：我们一定有什么事情没想明白，有什么准备没做好，有什么能力还不够，有什么资源还没有……你一旦意识到焦虑背后的意义，就会对所有的项目组成员说："完成这个任务其实压力蛮大的，我感觉我们有些事情还没有想明白，还没有准备好，要不然我们详细讨论一下？"往往当你说完这些话的时候，焦虑就会慢慢消失。

情绪背后的意义，在被看到之后，情绪慢慢就走掉了。因为情绪往往都是来提醒我们的，提醒我们背后有一个信念。那头大象，它不会说话，它用情绪来告诉骑象的小人，背后有什么意义……小人要是收到了，做出了一定的调整，情绪就走了，因为它提醒的任务已经完成了。这就是我们说的情绪是信念的投影。

第 二 章

识别并突破
三个沟通死角

除了情绪和信念（所谓三观不合）会影响沟通效果外，无效的身份或者错位的身份，也会导致沟通过程出现很大的障碍。这就是沟通的三个死角：情绪、信念、身份。

突破沟通中的情绪死角

我们在沟通的过程中，是完全有可能轻松突破情绪的死角的。其过程是：

第一步，学会识别情绪。

有人说："这不是很简单吗？你就说你是什么情绪就行了。"其实不然。比如我有个朋友，他正在看球，眼看他喜欢的球队要输了。我问他："你现在有什么情绪感受？"他第一反应是："他们不应该输的。"这不是情绪，这是一个判断。

所以，我接着说："我问的是你的情绪。"

"还没到最后，结果应该会好的。"

"这也不是情绪。你再说说你的情绪。"

"我的情绪啊？我挺喜欢这个球队的。"

"这是你的喜好，也是你对自己的判断，这依然不是情绪。"

后来引导了半天，他才说："我有点紧张，我担心他们后面打不进半决赛了，如果他们打不进去，我会有点沮丧，我感觉挺失落的。"这才叫情绪。如果我现在让你一口气不停地说出 30 种情绪，你可以做到吗？有些人很容易做到，有些人只会说"我开心"或者"我不开心"，分辨不了情绪的细微差别。关于情绪的词语有平静、愉悦、愉快、快乐、舒畅、喜悦、狂喜、焦虑、紧张、担忧、忧虑、焦躁、烦躁、烦心、烦忧、悲伤、忧伤、忧愁、悲愁、忧郁、抑郁、闷闷不乐、彷徨、怅惘、惊喜、惊慌、惊恐……

《萨提亚500个情绪词》这篇文章给每个情绪都做出了简短的解释。我们当然不见得要对500个词都很熟悉，但如果我们说不出来常见的情绪，只会说"开心"或"不开心"，那么就很难真正去回应自己和他人的情绪，并进行调整。

第二步，深入觉察自己和他人的情绪。

怎么觉察呢？从觉察自己的情绪开始。教给大家一个办法，叫三层觉察。

上一章说到象与骑象人——想让小人和大象之间有很好的沟通效果，我们要不断地觉察大象想跟我们说什么。大象代表的是我们的潜意识，我们要知道潜意识在做什么，首先要让自己放松，关注自己的身心状态，才能真正有所觉察。这个可以称为呼吸放松，也可以称作正念、冥想。用自己喜欢的方式放松下来，在放松的情况下，我们开始觉察。

第一层觉察（外感官觉察），就是指我们看到什么、听到什么、感觉到什么，这一层觉察让我们跟外界的联结更敏锐。

第二层觉察（身体觉察），我的身体反应是什么？我的肌肉收紧了吗？我现在还是放松的吗？我的心跳加快了吗？我现在胃有什么感觉？我的眼睛、口腔、关节有什么感觉？这一层觉察主要关注身体的感觉。

第二层觉察，看向我们的内心，问问自己有什么样的情绪感觉。

我们一起来做一个三层觉察的练习。

你先试着放松呼吸。怎么放松呢？就是找一个舒服的地方坐好，躺着也行，然后把注意力渐渐地放到自己的呼吸上，特别要注意自己的呼气。你越注意自己的呼气，你就越觉得自己慢慢地放松下来了，你甚至会觉察到，呼气好像比吸气还要长那么半拍。这样，你一次一次地注意自己的呼气。随着每一次呼气，放松的感觉就从头顶落到脚底，好像扫描一样。每一次呼气放松的感觉落下来，你会觉得自己的头放松了、脸放松了、嘴放松了，好像牙齿都放松了。下一次呼气，你的脖子放松了，肩膀放松了，胸口放松了。随着每一次呼气，你越来越放松，腹部、腿、脚都放松了。你会觉察到有些地方还不够放松，在你下一次呼气的时候，你就尽力让它更放松。在这种放松的感觉里，你渐渐地沉静下来，感觉变得敏锐。

你看到了什么？周围有什么？什么颜色、什么光线？周围有什么人、事、物？你听见了什么？你感觉到了什么？是空气的流动吗？是微风吗？这是你的外觉察。

在觉察的过程中，你可以感受一下自己的身体。如果你是坐在椅子上的，可以感受一下椅子支撑你的感觉；如果你是躺着的，可以感受一下身下的物品，如床垫或者沙发支撑你的感觉。现在你的脖子是什么感觉？肩膀是什么感觉？你的身体的每一部分是什么感觉？是不是有的地方紧张，有的地方放松？会不会有些地方有点酸痛？对了，这就是你身体的感觉。

随着你越来越沉静、越来越放松，你能感觉到自己内在的情绪。你的情绪是什么呢？是平静、是喜悦、是快乐，还是略微有一点焦虑、烦躁、纠结？不管你觉察到了什么，这都是你此刻的情绪。

三层觉察是一个很好的方法，我们可以利用它来觉察我们在当下的情绪。只有明白自己的情绪是什么，才能够觉察背后的信念是什么，知道这个情绪背后的意义。当我们了解了自己想要什么、自己有什么情绪，才会懂得去了解别人有什么情绪，别人有什么想法。

我的一位朋友失恋了，很长时间都情绪低落，走不出来。我问他采取了什么方法，他说失恋之后，哥们就带他去喝酒、吃饭等等。他说："可是我觉得我越来越烦躁了，而且每次跟他们玩了回来，我的感觉更加不好、更难受，所以我想找你来聊一下。"

我试着跟他一起去探索他失恋之后的情绪。我带他一起做了三层觉察。他最后探索出来的情绪竟然是失落，还有一点挫败和孤单。失恋不是应该痛苦和难过吗？至少也是忧伤，怎么会是失落、挫败和孤单呢？

原来这一年多的恋爱期间，女朋友跟他一起同进同出，两人一起玩，一起做很多事。现在没有伴了，所以他很失落、孤单。那为什么挫败呢？原来他的女朋友很优秀，长得漂亮，性格又好，很有才华。他失去了这么一个优秀的女朋友，觉得自己作为一个男人很挫败。

他意识到自己的情绪里偏偏没有太多的痛苦和难过，这说明这一段感情可能友情大过爱情。原来他的女朋友比他更敏锐，意识到他们俩之间是友情而不是爱情，所以就跟他提出分手了。这样一想，他的情绪就好多了，心情也好多了。"原来我是这么想的，那我就接受这个现实吧。也许还有真正更好、更甜蜜的爱情在等着我。"

第三步，管理自己的情绪，调整对方的情绪。

沟通时，如何管理自己的情绪呢？介绍给大家两个技巧。第一个技巧就是呼吸放松。越是碰到情绪很大的情况，越是需要深呼吸，深深地吸气和呼气，特别是呼气，尽量让呼气更深、更绵长。

第二个技巧就是抽离法，即在与其他人沟通有情绪阻碍时，想象自己跳到半空，用上帝视角看着自己和对方。这样情绪很快就能平稳了。

那么在沟通中，如何应对对方出现的情绪呢？这就必须用到突破式沟通中最重要的同理心技巧了。

同理心我们都多少有些了解，但我们真的会用同理心回应他人吗？

假设，一个高中毕业的女生哭丧着脸对你说："我没考上大学。"通常情况下，大家会怎么回应她？

大多数情况是：

"哎呀，以你的成绩不至于啊。是不是考试的时候没发挥好啊？大意了？"

"没关系，大学又不重要。很多成功人士都没有上过大学。"

"没事没事，大不了再复读一年嘛。"

"那太糟糕了。别难过，我煮碗面给你吃。"

这些话是我们常用来安慰的话，但对方听起来真的舒服吗？

假如一个客户指着店里的商品对营业员说："这么一个小玩意儿卖这么贵，你们是在抢钱啊！"营业员会怎么回应？

"是有点贵，但我们的东西质量很好、功能很强……"

"怎么会？贵有贵的道理嘛！"

"贵吗？我不觉得很贵啊。"

这些回答，客户听了心里会舒服吗？

这些回应似乎都在安慰对方，可是对方并没有感受到安慰。以下两种错误地运用同理心的情况，需要引起注意：

第一种，否定对方。

"不值得为这种事生气，别着急，别紧张，别生气。"

这种回应是在否定对方，相当于认为对方不应该生气、不应该紧张、不应该介意。那么对方感受到什么？感受到说话的人姿态很高，他觉得"你高他低"。

第二种，给建议。

"想想好的一面，至少他还关心你。"

"要不然我们出去散散心吧！"

"想开点，天涯何处无芳草，我要是你，早就发现他……"

这种建议，会让听的一方觉得自己不够聪明，心想就你懂的道理多是吧？

我给大家举个例子。有一次，我到郑州去做培训，下午下了课之后赶飞机，结果碰上了大堵车，堵得一塌糊涂，我内心十分焦急。堵车时，我的几个同事分别给我打电话说一些工作上的事，我因为很焦虑，不由自主地跟他们说："堵车堵得好厉害呀，快赶不上飞机了。"

其中一个同事就给我建议，他说："要不这样，你下出租车往前跑几步，跑过那个堵的地方就可以了。"可是我穿着高跟鞋，拎着一个大箱子，还在高速公路上，怎么跑呢？所以不知道对方的状况，也没理解对方的状态就贸然给建议，有什么用呢？有的时候只会让对方反感。

还有一位同事的建议更气人，他说："你怎么不早点出来？"

"我怎么没有早点出来？我提早了三个小时！"

"那你可以更早一点出来啊。"

好吧，对话进行不下去了。

那么，什么是真正的同理心回应？

同理心不是否定、不是建议、不是打岔，而是真正站在对方的立场去回应对方的言行、情绪、信念价值观、身份。具体怎么做呢？

方法一：适当重复对方的言行。

我们可以说出事实或者重复对方的言行。例如，客户投诉："你们怎么办卡的呀？把我的名字都写错了！"我们可以回应："噢，把您的名字写错了呀！"

这种重复如果适当，可以让对方觉得我们重视他说的话，真正在听他说话，适当重复对方的言行能产生一种鼓励对方继续说、把谈话进行下去的效果。

方法二：和对方的情绪在一起。

和对方的情绪在一起，最简单的方法就是直接用自然的语言说出对方是什么情绪。比如，对方说"把我的名字写错了"，你可以说："唉呀，我碰到这样的事也会很恼火的，自己的名字是很重要的，还影响以后办业务，怎么就写错了。"

方法三：和对方的信念价值观在一起。

客户电话投诉说他反映问题都一个月了，还是没人理他，你可以跟他说："是啊，您会觉得这么正规的大公司，怎么能这样对您！"和对方的信念价值观在一起，简单来说就是说出他的想法。

方法四：和对方的身份在一起。

客户打电话投诉说他反映问题都一个月了，还是没人理他，你可以说："对呀，您还是 VIP 客户，这样对您太不像话了。"

回到高中毕业生没考上大学的案例，我们可以怎样运用同理心来回应她？

适当重复对方的言行，拍拍她的肩膀，轻轻地叹息一声，"唉……"，或者说，"噢，通知下来了……"；

或者跟对方的情绪在一起，说"你那么想考上那所学校，唉……真的让人很郁闷"；

或者跟对方的信念价值观在一起，说"我知道啊，高考对你来说太重要了"；

或者跟对方的身份在一起，说"你为高考努力了这么久，真的没想到会这样"。

最后提醒：运用同理心回应不等于认同对方的观点或者行为。

掌握了运用同理心回应对方的技巧后，回应和调整对方的情绪就变得容易了。前文说过，情绪本质是一种潜意识里的信号，是信念的投影，所以只要我们精准回应了对方的这种信号，对方的情绪的能量就会降低甚至消失，因为它"已经被看见、已经完成任务"了。

下面我们用一个案例来详细分析这个过程。

美国的心理学家、催眠大师艾瑞克森医生，有个小儿子叫罗伯特。某一天，三岁的小罗伯特从家里楼梯上摔下来了，而且摔得非常严重，把嘴也摔裂了，还出了一大摊的血，惊吓和疼痛让小罗伯特尖叫、哭闹个不停。

　　一般父母碰到这样的情况会怎么处理呢？会立刻过去把孩子抱起来，然后说："天哪，叫你不要乱跑，你怎么又乱跑？楼梯多么危险！怎么摔成这样！不哭、不哭……"

　　第一，父母表现得很惊恐。孩子本来就被吓着了，父母比他还惊恐，结果可能给他带来二次创伤。

　　第二，在这样的情况下，孩子已经很痛苦了，结果父母还责备他，说他不该乱跑，也许父母不是成心的，但这种本能的反应对孩子却并没有什么好处。

　　第三，说"不哭"是在否定孩子的情绪，也阻断了他受惊吓后情绪能量的释放，有可能会造成心理创伤。

　　艾瑞克森是怎么处理这件事的呢，他迅速走过去，出现在罗伯特的面前。他并没有抱罗伯特，因为每个孩子都有自我修复能力。罗伯特刚刚受到惊吓的时候，他要把受惊吓的情绪能量释放出来，如果这时去抱他，有可能阻隔他自我修复的过程。所以，艾瑞克森只是陪在孩子的身边，手拉着他。在罗伯特大哭的间隙，他对罗伯特说："真惨啊，真的是太严重、太糟糕了。"运用同理心，说出事实。

艾瑞克森的第二句话是："这个伤口会一直很痛。"说出了罗伯特心里担心的这件事，他号啕大哭，一方面是因为吓着了，另一方面是非常痛。

艾瑞克森的这句话又一次运用了同理心。

艾瑞克森的第三句话是："你是不是希望不要这么痛？"这句话又说到罗伯特的心坎上了，他很痛，他希望慢慢地不痛就好了。

接下来，艾瑞克森又说："你姐姐原来摔伤的时候也是这么痛的，她要缝十二针，真的很严重。"他通过分享其他人同样的经历，说："我懂你这个感觉，你很痛，你很害怕。"

然后，艾瑞克森又做了一件事情，他叫孩子的妈妈过来，让她看那摊血。他说："你看那摊血，通红通红的，这么多。"

这很有意思，为什么要这样说？因为小孩子很喜欢显示自己。特别是三岁的孩子，他要是手指头破了，包了一片创可贴，他会把指头竖起来给别人看，去炫耀。所以当艾瑞克森说血好多好多，通红通红的，罗伯特莫名其妙地会有一种自豪感："哼，这是我的血。"慢慢地，罗伯特停止了哭闹。

练习抽离法：

当你在一个场景里，因为一些人、事、物而产生负面情绪，抽离法能帮助你减轻负面情绪。先在没有情绪的情况下练习，对步骤非常熟悉后，才能在其他场景里运用自如。练习的过程如下：

第一部分：假设你正坐在椅子上，第一步，站起来，走开数步，回看椅子，想象自己正坐在椅子上，记住这个场景；第二步，返回坐下，闭上眼睛回忆那个场景，若不能做到，就重复第一步，直到能够做到为止；第三步，张开眼睛看着眼前的事物，同时回忆第一步的场景。反复练习这三步，直到非常熟练。

第二部分：第一步，闭上眼睛，想象你是一只正在飞的小鸟，或者想象头顶的天花板上有一个摄像头，把整个房间的场景都录下来，并且在你的脑海里同步播放，所以在你脑海里呈现出来的是一张鸟瞰图，你看到的是自己的头顶和房间里其他的人、事、物；第二步，张开眼睛，看着眼前的场景，同时让刚才脑海里的鸟瞰图呈现出来。这样反复练习数次，使自己能熟练地在脑海里呈现那张鸟瞰图。

第三部分：与朋友交谈，当对方在说话时，自己在聆听的同时，让那张鸟瞰图在脑海里出现。反复练习，让鸟瞰图出现和消失，直到熟练为止。

第四部分：与朋友交谈，自己说话时，让鸟瞰图出现一会儿，然后让它消失。反复练习，直到熟练为止。

当第四部分也完全熟练时，你就很容易从场景中抽离出来。这时，每当一个场景使你产生情绪时，你就可以用这样的抽离法调整情绪。若想更快速地调整情绪，可以在看到鸟瞰图时，想象本人如小鸟般快速往后飞，这样使鸟瞰图里的事物快速缩小，同时想象场景变暗、变模糊。这样可以有助于情绪的快速调整。

突破沟通中的信念死角

什么是信念？通俗来说，每个人生活在这个世界上，都会对周围的人、事、物有一些自己的看法，这就是信念。

每个人都有数以百计的信念，但是绝大部分信念都在潜意识里。

有些信念是有效的，有些是无效或者低效的，我们称之为局限性信念。怎么判断局限性信念呢？可以用以下评估原则来判断：

不让我们人生轻松、满足、成功、快乐的信念；

限制我们学习成长、扩大自己世界边界的信念；

减少我们与他人连接的信念。

在沟通中，一方或者双方有局限性信念，就会被"卡住"。例如，主管对因故申请不加班的员工语重心长地说："这是公司重要的工作，一定要积极去做。年轻人，不能早早躺平，一定要上进啊！"主管这句话背后有一个信念：不加班＝躺平＝没有上进心。这样的信念，员工接受不了，双方就会沟通不畅。

在沟通中，突破局限性信念就是双方达成共识的开始。

突破局限性信念的方法有很多，我们重点介绍简单又实用的意义换框法。

意义换框法就是找出一个负面经验中的正面意义。例如，因为今天被大客户投诉了，小李很不开心。

我们把"很不开心"改为"很开心"，再把句首的"因为"二字放到最后，成为："今天被大客户投诉了，我很开心，因为……"，然后反复思考如何把句子写完，要求至少有 10 个不同的版本，再找出其中最能够接受的一个版本。

今天被大客户投诉了，我很开心，因为可以发现服务改进点。

今天被大客户投诉了，我很开心，因为这说明他看重我们。

今天被大客户投诉了，我很开心，因为这说明他信任我们。

今天被大客户投诉了，我很开心，因为他有可能成为忠实客户。

今天被大客户投诉了，我很开心，因为他相信我们能改进。

今天被大客户投诉了，我很开心，因为他需要我们的产品或服务。

今天被大客户投诉了，我很开心，因为多一次沟通机会。

今天被大客户投诉了，我很开心，因为可以展现我的应诉能力。

今天被大客户投诉了，我很开心，因为可以展现我的沟通谈判能力。

......

在以上说法中，有你真心能接受的吗？

特别要注意，只要其中有我们真心能够接受的说法，这个框就换过来了。其他不愿接受的说法，不要强迫自己接受。

在日常生活中，我们可以找一些类似的情况，给自己出题，来做意义换框的练习。例如：经济环境不好，对我创业有什么正面意义？伴侣个性很固执，对我有什么正面意义？团队的氛围非常不好，对我有什么正面意义？

对于每一个题目，我们都找 10—30 个正面意义，再从中挑选我们真心能接受的。

通过刻意练习，时间长了我们就可以迅速进行意义换框，看到、听到的任何一件事情，都能发现正面意义。意义换框不但对提升沟通能力有价值，对我们的事业与生活，也有很大价值。

在真实的沟通场景中怎么运用意义换框呢？用几个例子来说明，当沟通的对方陷入局限性信念中时，我们可以怎样换？

例一：

研发工程师："各位领导，产品研发就是要舍得投入、花钱，太小气、预算太严格是做不出好产品的！"

研发主管："我看得出来，大家都非常想研发出最好的产品（运用同理心，与对方的信念价值观在一起）。是的，产品研发的确需要公司舍得投入，多花钱（重复对方的话）。像华为这一类的公司都是这样做的，我非常赞成。现在我们面临的情况就是公

33

司真的拿不出太多的钱来做研发，这对我们团队来说是一个巨大的挑战。小公司就是不断迎接挑战，最后变成大公司的，或者战胜大公司的，如果这个逻辑不存在，那小公司永远不可能成为大公司了（意义换框）。我希望我们能够克服困难，在现有条件下，完成研发工作（先跟后带）。"

例二：

儿子："爸爸，学数学、物理、化学干什么呢？我将来又不从事这一行，钻研得这么深，一点儿用都没有。"

父亲："是啊，如果将来不从事这一行，的确什么用都没有（复述，同理心，先跟）。"

儿子："那还学它们干什么？就为了考大学？"

父亲："是啊，你说得很对，对以后不从事这行的人来说，也许就是为了考大学。"（复述，同理心，先跟）。"

儿子："这也太浪费时间了！"

父亲："是的，我也觉得！如果每个人都确定自己将来想做什么，国家又有这样的资源和机制，让每个人都只学跟自己将来想从事的事业相关的学科就好了（同理心，先跟对方的深层信念）！"

儿子："这样听起来有点太理想主义了！哈哈，而且这么确定好像也没意思。"

父亲："是啊，这个世界就是这么不完美（意义换框，后带）。"

儿子："我懂了。"

用意义换框来先跟后带，实现突破式沟通，对使用者最大的挑战在于自己是否足够包容、灵活，能看到很多负面言行的正面意义。这种能力，只要多加训练，每个人都能拥有。

使用意义换框实现突破式沟通，最大的挑战在于我们自己的头脑中是否能够接纳多种多样的正面意义，我们是否足够包容、足够灵活。

突破沟通中的身份死角

某天，一家银行的人力资源部培训负责人给我打电话，问我可不可以给这家银行的对公业务客户经理讲一堂关于对内沟通技巧的课。因为这些客户经理对外沟通都不错，对内沟通却有很多问题，经常跟中后台的同事发生冲突和争吵。

我告诉他这些对公业务客户经理是不需要培训沟通技巧的，他很诧异："可是他们对内的沟通非常差呀，应该给他们培训一下，该如何好好地对内勤说话。"我笑了："他们怎么可能缺乏沟通技巧呢？如果他们的沟通能力有问题，那些销售任务都是怎么完成的？他们是怎么搞定客户的呢？要知道搞定银行的客户特别是对公客户是非常需要沟通技巧和谈判技巧的。"

我接着说："他们只是不想把策略和技巧用在内勤身上而已。"这位培训负责人问我说："那这是一个态度问题吗？"我说：

"也可以这么说吧，主要是他们觉得自己在外面做销售，就是在装孙子，所以回来只想当大爷。"培训负责人笑着说："对呀对呀，的确是这个感觉。"我告诉他，这就是一个身份的问题了，身份决定了沟通的效果。如果客户经理抱持着"我要回来当大爷"的心态，那什么沟通技巧都没有用。培训负责人问我："那接下来该怎么办呢？"我说："我们需要给他们找更合适的身份。"

身份不恰当，或者身份错位、身份混乱会影响沟通效果。对儿媳妇来说，婆婆是一位需要她尊重的、非常重要的长辈；对婆婆来说，儿媳妇是自己儿子的妻子，为了儿子的幸福，她需要尊重并恰当地照顾儿媳妇。所以，双方都不应该有错位的期待。期望对方是母亲或者女儿。

在职场中，很多领导强调自己的团队像家一样温暖，领导觉得自己像家长一样。这种行为模式在职场当然是行不通的，职场是按照契约进行管理的，谁的贡献大谁就应该得到更多的回报，贡献少的得不到回报甚至有可能会被"炒掉"。如果领导一方面表现得像家长，一方面又按照契约对不合格的员工进行处罚，而员工心里把领导投射成家长，他们就会产生很多委屈抱怨。这就是职场中典型的身份错位产生的团队管理障碍。

除了身份定位不精准，即身份错位之外，还有一个身份问题是多重身份混乱，例如，夫妻一起开公司、家人合伙做生意……多重身份会导致沟通困难。这些身份问题应该如何处理呢？

对公业务客户经理沟通技巧培训的例子，我和培训负责人一起探讨那些业绩非常好、同时和内勤也沟通得非常好的客户经理，他们认定自己是什么身份。我们发现他们往往把自己定义成资源整合者、资源枢纽。他们认为自己整合了银行中后台的资源，全力以赴地为大客户服务，取得非常好的业绩、升职加薪、拿到高提成。这样的身份定位是非常精准、高效而且有尊严的，也是所有的客户经理内心深处愿意接受的，他们觉得自己是很有能耐的人、值得别人尊重。这个身份定位是会产生成就感的。

我建议培训负责人用这个理念去培训员工，长期为对公业务客户经理做身份定位的宣导，最后取得了很好的效果。这就是用恰当的身份去解决长期沟通障碍的一个实际例子。

下面我再跟大家讲一个在我的课堂上提出来的、现实生活中真实的身份错位的案例，请大家思考这个问题该怎么解决。

王家和李家是邻居，供电系统布线时将两家电表安装反了。结果，王家经常出差，不怎么在家，每月的电费很高；李家经常用电，反而电费很低。

王家去供电公司查询，发现安错了电表，就要求供电公司进行处理，让李家退回之前的电费。供电公司发现错误后，赶紧改装了线路，同时立刻派调解员到李家，希望劝说李家把电费退给王家。但李家说这不是他们的错，他家合理合法地按电表交钱，电表不是他装的，所以错不在他家，错误后果应该由供电公司承担。调解员一个月内上门好几次，始终没有办法解决这个问题。

这个问题该如何解决呢？

第 三 章

五步策略实现
"先跟后带"

三道防火墙是内功，识别并突破三个死角是基本功，掌握它们之后，我们就可以运用五步沟通策略了。

第一步，建立关系。只有对方认可彼此有沟通关系，愿意听你说了才沟通，否则就不要轻易去沟通。

第二步，厘清情绪。有情绪的时候，要先处理情绪，再处理问题。通过情绪觉察自己和他人的信念价值观。

第三步，还原事实。区分事实与观点，在事实的基础上沟通。

第四步，发掘价值。找出哪些价值是沟通双方共同认可的。

第五步，找到方法。在共同价值的基础上，找出彼此都能接受的解决问题或者争议的方法。

五个步骤的前四步是不断循环往复的过程，并不是单向的。我们不停地建立关系，厘清情绪，还原事实，发掘价值，就是"先跟"。"后带"——找到方法就是顺理成章的事。

我们一步一步来看。

建 立 关 系

有一些父母，孩子都摔门而去了，还在家里不停唠叨；

有一些销售，跟客户没有建立起沟通的关系，就开始推销一些产品；

......

这些方式，效果非常差。

我认识一位销售，他的业绩特别好。有一次，我看他在那埋头发短信。我说："短信还能卖东西吗？""不是的，李老师，我在预热呢！"我说："什么叫预热呀？""我接手了一批新客户，是公司给我的。我给他们发短信问个好，告诉他们我是他们将来要打交道的客户经理。"

我说："哦，还有预热这样一个过程。"他说："这就是让客户有个心理准备，我会用邮件、微博、短信、微信预热。我第一遍给他们打电话时不推销。给他们电话前，我先预约一个时间，用十几秒的时间，让他们听到我的声音，知道我是谁，对我有一个初步的印象，然后我就挂掉电话了。"

"这样工作会不会慢？"

"也不会，因为我用空间换时间，我先进行预热，然后一步一步接触他们，直到他们完全接受我这个人了，不好意思谢绝我了，我才有可能上门去和他们谈我们的产品和业务。"

这就是他的业绩特别好的秘诀——建立关系。

以下三种缺乏关系的情况，会导致无效沟通。

对方不打算听

针对这种情况，我们要做的是先通过恰当的身份定位或者运用同理心，让对方能够放下防备或者抗拒心理，愿意跟我们对话。

我有位女性朋友，她真的是很会沟通的人。她家里亲人的关系都处得很好。她的小姑子在读高中，有一天被发现在早恋。哎哟！这可不得了，全家跟炸了锅一样，她的婆婆、公公自不用说，轮番轰炸，苦口婆心地劝小姑子不要早恋，却闹得不欢而散。她的丈夫去劝说小姑子也没有什么效果。家里的气氛特别紧张。大家都没辙了，就求她说："你平时跟她关系挺好的，你去劝劝吧。"她不好拒绝，就去尝试了一下。

她刚进小姑子的房间，小姑娘的脸色就不好看，直接一句话怼过来："我知道你过来是干什么的，你不用跟我说，我不听这些。"我朋友压低声音对小姑娘说："我才不跟你谈这些事，我算

什么呀，我又不是你妈、你爸，我也不是你哥，我说这些干什么（有效的身份定位）？"小姑娘脸上的表情就放松下来了，防卫心、戒备心也放下来了。我朋友继续说："我不管你这些事，什么早恋不早恋的，我只问你那个男孩子好不好？怎么样（同理心，先跟后带）？"小姑娘听嫂子这样问，反而愿意说了，就害羞地说起男朋友的情况。不管小姑子说什么，我朋友都有同理心地回应："是吧，这样啊，超好呀，不错呢，好有趣……"结果小姑子就跟她说了很多。说完了，我朋友就点点头说："这个男孩子挺好的，其实我觉得什么时候谈恋爱都可以。只是我听说你谈恋爱影响成绩了，你一定要想好在这段时间里最重要的事情是什么，千万别把成绩搞差了（后带）。"小姑子完全体会到我朋友的关心，说："嗯，我知道的。"我朋友又说："嗯，那就好。人的一生很长，很多重要的事情都要想明白（继续带）。好了不打扰你了，那我走了。"送她到门口，小姑子迟疑犹豫地问她："你觉得我这样合适不？"她回过头来笑笑说："没有什么合不合适的，总是要尝试一下（意义换框，看到正面价值），只是你要小心，他不见得是你生命里的那个人。不过不试试谁知道呢（意义换框，看到正面价值）！"

结果，后面小姑子的学习成绩也慢慢起来了，也能很好地处理恋爱的关系。

对方不接受你

举个例子，有个男生用很愚蠢的方式死缠烂打地去追求一个女生。可是这个女生完全不接受，说："我对你没什么感觉，怎么答应你？"但男生觉得自己再努力争取，对方就有可能接受自己。这个方向是完全错误的，所以他不仅没有追到那个女生，自己还很受伤。

心理学家艾瑞克森的一个学生是做催眠治疗的。一次，有一位病人被家人送过来做催眠治疗，病人自己并不相信，也不想做催眠，所以他一进门就对催眠师说："我才不相信什么催眠呢，催眠能有什么用？"催眠师说："你说得对，催眠不是对所有人都有用的，特别是有些人，他们的心理很强大，怎么可能被催眠？"病人一听觉得特开心，说："对呀，怎么可能什么人都被催眠呢，被催眠的都是软弱的人。"催眠师说："对，你说得非常对，我很赞同你的意见。"结果病人与催眠师越说越开心，不知不觉接受了催眠。

不具备沟通的身份

我的学生大芳说她与青春期的女儿很难沟通，女儿的逆反情绪很大，她甚至觉得女儿有心理问题。大芳不反思自己，却跑来对我说："李珂老师，你去帮我看一下我的女儿，你给她做一个心理咨询吧，让她不要这么逆反。"

我说："我用什么身份去跟她沟通？"

"你既是心理咨询师，又是老师，你就可以教导她呀。"

我说："这是你认为的，可是她并没有认定我的身份是老师或者心理咨询师，她只会认为我是她妈妈的一个朋友，甚至认为我是她妈妈请过来搞定她的人。你想想看，这样怎么沟通？"

大芳想了半天才说："好像是这样子的。"

这就是说，如果对方不认可你的身份，你以这个身份与对方沟通，也不会有效果。

下面，我们来说说建立关系的五个方法。

方法一：内心真正接受对方

我的团队服务于一家大企业，甲方的负责人是王总，我手下的咨询师都怕见他，因为他对方案的每一个细节都不放过，每一个不合他意的地方，他都要挑剔半天，而且会用很难听的话骂人。

有一天，我陪我的咨询师小李去见王总。见到王总，我笑眯眯地跟他握了手，我还没问候他，他就说："你看看你们的咨询师怎么回事，写个东西乱七八糟，计划书没有一个像样子的，逻辑结构一塌糊涂，尽是错别字，蠢得要死。"

听他这样说，我笑着对他说："王总，我能理解你，你总是希望年轻人能够做到更好，就总是恨铁不成钢，对不对（意义换框，看到正面价值。同理心，先跟）？"王总听我这样一说，愣了一下，可能从来没有人跟他这样说过，他就"嗯"了一声。然后，我继续跟他说："王总，你对事情要求特别严格，对我们来说，你是一个特别好的客户，有助于锻炼我们的团队成员，帮他们成长，而且你说的那些点都有道理，我们的确应该更细致一些，逻辑结构更强一些，我们应该贴近客户，用你习惯的语言去描述这些计划，你说对吗（意义换框，看到正面价值。同理心）？"王总又"嗯"了一声，然后双方就坐下来谈事了。

他的脾气小了很多，不过他还是把很多细节又挑出来教训了我们一遍。他每讲一件事的时候，我都很客观地讲他的正面动机、他的想法的正面意义，这样他讲了半个小时之后，好像就没有什么火可发了。然后，他站起身说："今天的反馈就到这儿了，你们拿回去改改就可以了，我还有其他的事要做。"

小李跟我讲，这简直是头一遭。他曾经把我们的咨询师训了4个多小时，不谈正事，训了4个多小时都没让出门，这次半个小时就结束了。

所以，我们内心真正接受一个人，会运用同理心，主动找到他的正面动机（尽管他的言行我们可能不大喜欢），与他建立关系。

方法二：身份申明

我在公司里有好几个身份，我既是一名讲师，还是副总兼产品总监，所以，在开会的时候，我就会特别小心身份问题。

有一次公司开会在讨论报销的流程，我不由自主地以讲师的身份，讲到这个流程虽然方便了公司后台，但对外部合作讲师不是特别合理，讲着讲着我发现，财务部的员工用特别奇怪的眼神看着我。我突然意识到，他们并没有把我当成讲师在说话，他们在想："你不是公司的高管吗？为什么要胳膊肘朝外拐？"

我立刻意识到了这一点，于是马上调整说："现在请大家把我当成一位在外奔波讲课的老师，不要当我是公司领导，也别当我是公司的李珂老师，就当我是张三老师好了，上面这番话是外面的张三老师说的，张三老师觉得自己的利益被损害了。"他们立刻就能够接受我的意见了。

所以，有的时候沟通关系没有建立起来，是因为双方没有找到或者意识到一个有效的沟通身份。

我们可以用刻意强调说话者身份的方式来做一个调整。例如，"今天我以一个过来人、老员工的身份和你分享一下经验。""你是当妈的人，我也是，今天我们不妨以妈妈的身份，将心比心地交流一下，好吗？""我站在消费者的角度说几句。"

方法三：注视对方的眼睛

建立关系还有一个特别简单、有效的办法，就是跟人说话的时候，很专注地注视对方的眼睛，这样对方容易收到你传递的信息。我们经常说眼睛是心灵的窗户。心灵是什么？从某种意义上说，心灵其实就是我们的潜意识。注视对方的眼睛，就是打开了这扇窗户，让对方能看到自己的潜意识。

方法四：肢体配合

人的肢体语言可以表现情绪，在与人沟通时我们也可以有意识地映射对方的肢体语言，注意是映射，而不是模仿，以呼应对方的情绪。例如，对方身体前倾，表示他有点感兴趣，我们也可以略略地前倾一点；他把手抱在胸前，体现出来一个很有力、很强势的姿态，我们当然不需要完全像他一样，可以轻轻地把两手在身前交叉。这叫作肢体配合，这也是神经语言程式学 NLP 里面的一个技巧，用身体同理对方，快速与对方建立关系。

方法五：找到共性

我们常说"老乡见老乡，两眼泪汪汪"，这就是找到共性——我们是同一个地方的。我们说"一起同过窗，一起扛过枪"——我们有共同的经历。

平常我跟客户沟通时，如果发现某些客户的说话方式、姿态看起来像军人，我就会大胆地猜测了一下："李总，你是当过兵的，对吗？"他说："是，你怎么看出来了？"我说："我也是当过兵的。"这么一说，两个人马上就亲热起来了，因为有共同的经历，我和客户很快亲热起来，关系也就顺理成章地建立起来。

厘 清 情 绪

厘清情绪，既是必不可少的沟通步骤，也是沟通的基本功。这里，我们复习一下运用场景，请跟我一起做下面的练习。

1. 你没拿手机，离开办公室去给领导送文件，领导多交代了几句，时间比较长。刚回办公室，就有一位其他部门的同事来找你。他说："打你的座机、手机都没人接，你干啥去了？莫不是开溜了？"

2. 你是某种建材的供应商，跟甲方正在谈业务，甲方说："你们这材料质量行不行？市场上的假货、劣货多得很。"

3. 因为严重堵车，你约会迟到了快一个小时，好朋友等了你很久，已经有些不耐烦了，她抱怨说："路上天天堵，你又不是不知道，怎么不早点出来？"

4. 办公室小张的报告再次被领导驳回，这是他第四次提交了，他无精打采地坐在座位上说："唉，真是不知道又是什么地方不对！太难伺候了！"

我们在日常生活中，不但要厘清情绪，而且需要用生活化的语言，配合语气、语调、肢体语言来使自己有同理心。

在练习中，我们经常会出现的问题是过于书面化或者语言生硬，比如第 1 个场景，有人回应："您打座机找不到我，一定很焦虑吧？我没有开溜，我去王总办公室送文件了。"这句话没错，但在日常生活中这样说话，是不是有点像机器人？

每次回应都刻意训练自己，练到可以自然地反应，这是对我们厘清情绪、运用同理心更高的要求。

对于以上这些场景，你打算如何回应，才能顺畅沟通、建立良好关系呢？参考回应如下：

1. 回应："你有急事找我吧？"

分析：首先，我们不需要回应对方主观臆测的"莫不是开溜了"；其次，也无须解释太多，这样的回应显得自己温和有力。

2. 回应："是啊，对你们公司来说，材料质量太重要了，可不能出任何纰漏，所以我们家的材料是……"

分析：先说出对方疑虑情绪背后的想法（信念价值观），在这里无须说"您有疑虑"，也不能重复"市场上假货、劣货很多"，这都是不够好的回应，因为前者太尴尬，后者是在强化对方对自己行业的不信任。我们只须说出对方的想法"材料质量对公司很重要"即可，注意，之后用连接词"所以"，很顺畅地引出我们想介绍的公司材料的质量优势即可。

3. 回应一："抱歉抱歉，等人快一个小时，真是让你烦死了吧！"

回应二："XXX（你自己的名字），你这个坏蛋！让人等一个小时！还让不让人活了！交你这么个朋友，倒了八辈子霉!"

分析：回应一说出了对方的情绪，是比较经典的回应方式；回应二用抽离法、身份换框法，站在朋友的角度大骂自己，幽默又解气，效果会更好。

4. 回应："提交四次了吧？那你岂不是很郁闷，也没找着方向是吧？唉，真不知道该怎么办。推也推不掉，要不我俩聊一下？没准旁观者清呢!"

分析：用重复对方言语、回应情绪、回应情绪背后的想法等多重同理心，再引出对方面临的事实"推也推不掉，还得做"，带出来"要不我俩聊一下"，给出破解的建议。

还 原 事 实

我们来试试自己描述事实的能力怎么样。

现在，你不用刻意地去注意，想到什么就写什么，就这样写下你对周边环境的 10 条描述。比如，桌面比较乱、房间的灯光很明亮、周围有很多书、每个窗户都挂了百叶窗帘。

接下来，给你几分钟的时间在脑海里过一遍，在你的描述里，哪些是客观事实，哪些是你的主观判断？可以用以下这种表格列出来：

	描述	客观事实	主观判断
1	桌面比较乱		√
2	灯光很明亮		√
3	有很多书		√
4	每个窗户都挂了百叶窗帘	√	
5	办公室里此刻有三位女同事	√	
6	她们正在热烈地开会讨论		√
7	办公室里还有三位男同事	√	
8	办公室里男女比例均衡		√
9	天花板上有一个吸顶灯坏了		√
10	我们都在认真工作		√

• 桌面比较乱——主观判断。因为每个人对乱的定义不太一样，如果我们在一个要求做 5S 管理的工厂里，估计我们的桌面在督导眼里都是很乱的，即便我们已经把很多东西都摆整齐了，可是一定达不到他的要求。

• 灯光很明亮——主观判断。多亮才算明亮？

• 有很多书——主观判断。有多少书才叫有很多书？

• 每个窗户都挂了百叶窗帘——事实。每一个窗户都挂了百叶窗帘，你这么描述，我也这么描述，没有什么主观的成分在里面。

• 办公室里此刻有三位女同事——事实。会不会有人说："我数漏了 1 位，其实有 4 位女同事。"没关系，那只是我们在描述事实时不够准确，但是我们描述的方式是在说事实。

• 她们正在热烈地开会讨论——主观判断。这个就不是事实了，她们开会是事实，可是她们讨论得是否热烈就是主观判断了。

表格中剩下的几个描述，你会区分它们是客观事实还是主观判断了吗？

我订了一家酒店，入住后，拿遥控器开空调，发现空调坏了，因为用遥控器打不开它。空调坏了是事实还是主观判断？这是一个主观判断，因为我用遥控器无法启动空调才是事实，这个事实背后的原因可能是遥控器坏了、没电了，或者拿错了遥控器，又或者空调另外有开关我不知道……这些都有可能造成空调启动不了，所以空调坏了是我的一个主观判断。由此可见，我们在日常工作、生活中想要还原事实，并不是一件很简单的事情。这就好像盲人摸象一样，每个人都摸到大象的某一部分。

有一家电信设备安装公司，销售和客户服务两个部门总是有一些冲突。销售为了跑客户每天都殚精竭虑，每天的活动量大到不行，身体累、压力也大。销售部觉得我们辛辛苦苦谈了一些客户，你们客户服务部的后期技术服务、安装维护工作做不到位，很影响我们公司的口碑和销售业务的开展，比如，安装不及时，耽误客户时间了或者服务质量不行。销售团队很生气，觉得这些客户服务部是拉后腿的，他们还抱怨："你看客服多舒服，一天就接个电话，有事就背个包出去，没事就在公司喝水、吹空调。"客观事实是客户服务部长期人手不足，而且工单量特别大，客服恨不得天天在外面跑，最近还有很多人生病了。客户服务团队觉得销售很讨厌，为了提成，对客户过度承诺，一再缩短安装时限。

双方都没有看到对方勤恳工作的事实，因此双方沟通就有很多的冲突。如果双方能够了解对方工作的实际状况，也许双方会多一分理解。这就需要我们在工作中去还原事实。

我们对信息的处理本身包含了2层扭曲。

第1层扭曲是关于数据的选择。

每一件事都包含海量的数据，比如两口子去买房子，男方问这个房子离他的公司近不近，问这个房子的配套怎么样；女方问这个房子的价格、周围的教育配套、购物方不方便等等。你看他们两个人选择房子时考虑的数据是不一样的。关于房子的数据还有开发商、用的材料、有多少栋、是什么风格、容积率、绿化情况、离市中心的距离等等，说也说不完，所以叫做海量数据。我们提取自己想要的数据，本身就是带有主观性的了。

第2层扭曲是主观判断会有差异。

就算选择的是同样的数据，可能两个人的看法也不一样。比如，他们看了一套房子，男方说每平方米26000元挺便宜的，女方说："什么？26000元还便宜，够贵的了，好吗？"为什么会这样呢？男方想的是这套房子靠近市中心，每平方米26000元已经很便宜了；而女方想的是我们现在的积蓄只有这么多，能不能买得起每平方米26000元的房子？所以双方对于房子的单价这个事实，他们的解读，也就是他们的大脑经过判断之后得出的结论不一样。

正因为有大脑的层层演绎，所以人和人的沟通真的没有那么容易。这夫妻俩想选一个能够达成共识的房子，他们要做的第一步是坐下来聊一聊，重点要达成什么共识，也就是房子对这个家来说，意义和价值是什么？先达成这个共识，才能去选同样维度的事实数据来比较，然后再说这些事实背后的主观判断是什么，这样才能选到一套好房子，要不然两个人有吵不完的架。

如何破除对事实的扭曲？察觉自己选择数据时的主观判断依据是什么。首先，我们要看到自己是用什么样的主观标准去选数据的；其次，选出来后，我们又是通过怎样的主观方式去扭曲数据、去跟别人沟通的。我们没有办法保证自己完全不扭曲，因为我们都有主观想法，对吗？但是我们至少要觉察和看到扭曲在哪里，这样才有可能做到对事不对人。

在懂得这一点后，我们来练习一下如何做到对事不对人。

1. 主管对小陈说："你今天加班辛苦了。就报告而言，整体写得不错，但有些地方还是有点马虎。有几处错漏，我标出来了，需要再修改一下。"

　　分析：这样说并不是就事论事。主管说小陈加班辛苦了，接着他说"就报告而言"，应该算是就事论事吧？其实并不是。为什么呢？"就报告而言……但有些地方还是有点马虎"，报告会马虎吗？只有人才会马虎，所以当使用了这样的词语后，对方在潜意识里就被带偏了，不是关注错漏，而是要向主管证明自己是很认真的。小陈的潜意识收到的信息是：主管是不是觉得我不仔细？因此小陈的第一句反馈往往是："我都检查了好几遍，怎么还会有错漏？"主管一听到下属说这样一句话，就应当明白，自己已经激发出了对方的防卫心。小陈已经没有再跟主管谈论错漏，而是在纠正他在主管心目中的"马虎"的印象。因此，从还原事实的角度，主管应该这样说："我注意到有三个错漏的地方，我标注出来了，你把它们改过来吧。"这样说，小陈自然会回答："好的，没问题。"

　　2. 主管问小陈："我们物料小组这次的市场活动是不是考虑不周密，漏掉了物料？为什么策划组的人到经理那里去抱怨缺物料呢？"

分析：这个是对事不对人吗？缺物料是事实吗？不是！什么是事实？"策划组的人到经理那里去说缺物料了。"——这个才是事实，所以主管应该跟小陈说："策划组的人到经理那里去说昨天的市场活动缺物料了，我想问一下当时发生了什么事？"因为的确有可能是我们组考虑不周密，漏掉了东西，还有可能是策划组的人给的清单就不对，或者供应商没送，又或者策划组的人自己没找到……其实各种情况都有可能，所以我们只能认定一个事实是有人跟经理说缺物料了。

从这个练习中，我们看到，客观还原事实的语言习惯并不是很容易养成的，当我们说自己就事论事时，语言中呈现出来的信息可不一定是这样。在沟通中，尤其是在职场沟通中，如果我们总是能够对事不对人、尽可能地说事实，那么沟通的效果会好很多。

用一个例子说明家里的沟通也同样适用。如果妈妈对孩子说："你看看，你太不讲卫生了，你的脏衣服扔得到处都是。"你猜孩子会回应什么？"那不是脏衣服，那是我刚换下来的，没打算洗。"或者"哪里扔得到处都是了？"在孩子眼中，三处不算到处，可你认为两处都太多了。另外，孩子一定不觉得自己不讲卫生，衣服乱放就是不讲卫生了？只要是干净的就行了。你看，妈妈和孩子有太多的主观不一致的地方了。其实妈妈想让孩子收拾衣服，最好直接跟他讲："我看到沙发上、床上有你的衣服（你还可以说自己的感觉，因为这也是一个事实），我不希望看到这样的场景，你把它们收起来可以吗？"这样说是不是效果会更好？所以，不要用抱怨的、主观判断的方式去说话，否则孩子很容易变成一个青春期叛逆的人。

我们平时如何训练自己做到对事不对人呢？下面介绍一个方法：录像机反馈法。这个方法简单来说，就是你在跟别人说话的时候，尽量像录像机一样反馈，即看到什么说什么，尽可能说双方都认可的事实。在这里，我额外提出一点，就是你可以分享自己的感受，这个也是事实，只要不归因于对方、抱怨对方，就可以如实地说。比如上面的例子，妈妈对孩子说："我注意到沙发上和床上都有你的衣服（录像机反馈），我这个人看到衣服放在这些地方，心里就不舒服（分享感受），你听妈妈的话，把这些衣服收到柜子里去。"再举个例子，女孩子对男朋友说："我看见你跟某个漂亮的女生说说笑笑、打打闹闹的（录像机反馈），我很不舒服。"女生可以分享这个事实，没有问题。可是女生如果说："你跟那个女生打打闹闹的，惹得我很不高兴，你到底想干吗？"这就不是事实了，属于主观臆断。"惹得我很不高兴"，可是人家并没有要惹你，录像机反馈不了这个，这是主观臆断，对不对？

训练自己尽可能地以录像机的方式，将看到、听到的信息相对客观地表达出来，这就是在训练自己还原事实的能力。

发 掘 价 值

发掘价值，简单来说就是看到人、事、物的正面价值。

我们在前文中介绍了意义换框法，对于发掘价值而言，意义换框法也同样适用。

以下三件事，我们平时都不容易看到其正面价值：孩子早恋、跨部门沟通冲突严重、员工不愿意参加培训。

说到早恋的正面价值，我在一个学习微信群里用头脑风暴接龙的方式来征求大家的意见。一开始，群里的爸妈们都不认为早恋有正面价值，结果到后面，他们慢慢地越写越多，最后竟然写了 75 条正面价值。比如说，有些人认为早恋让孩子变得更帅、更漂亮了；中学恋爱可以体验纯纯的爱情；提高了表达能力，提高了和对方沟通的能力；学会了关心他人；变得有力量、很勇敢、有魅力；自信，爱自己；积累恋爱经验以及未来组建小家庭的经验……

如果我们能够这样去思考早恋的问题，你跟孩子是不是更容易沟通了？顺着以上思路，看我如何跟青春期儿子讨论早恋。

妈妈："儿子，你谈恋爱了？"

儿子一开始有点惊慌，心想：妈妈会不会认为我早恋？

"挺好，说明我儿子很帅，很有魅力。"

儿子一听，怪不好意思地笑了。"妈妈，你真的是这么认为的？"

"是啊，多谈一下有经验，而且上中学时谈恋爱，感情是很纯真的。"

妈妈把这些说出来，儿子反而没话说了。

妈妈接着说："可是很多家长和老师都认为上中学时谈恋爱不好，因为他们担心会出问题，你知道吗？"

"我知道，他们担心影响学习成绩、影响未来。"

"你说得对。"

"我不影响成绩，不就得了吗？"

"对，我也是这样觉得，你认为他们还有别的担心吗？"

"是不是担心我们做出什么不好的事来？"

"对啊，因为两个孩子都还没有经济基础，如果这个时候怀孕了或者发生别的什么事，对女方、对自己、对可能要出生的孩子都是不负责任的，对吗？男子汉大丈夫，像我儿子这样的人是最有责任心的，所以早恋可以，但一定要做一个有责任心的男人。"

你看，妈妈这样一说，孩子都能接受，对不对？妈妈还可以告诉他，人生不见得谈一次恋爱就会结婚，也许这一次恋爱能成功，妈妈祝福你们；如果不成功，也没有关系，就当作一次交往的经验好了。这样，你想说的都说了，没准孩子觉得现在的重心是学习，就不想恋爱了，总比吵吵闹闹，吵到最后把孩子给推出门去，跟女方谈得更紧密了，甚至最后闹出一些不好的事来要好。所以，跟孩子谈论早恋，你自己得先看到其正面价值，才能跟孩子深入地去谈。

跨部门沟通严重冲突，是否有正面价值？当然有，因为可以了解彼此的工作内容、立场和看法；发现流程中的障碍并优化流程；发现冰山下的问题；有助于未来达成共识；让管理者明白企业文化建设的重要性；激发我们去学习更有效率的沟通技巧；锻炼项目经理的组织协调能力……

员工不愿意参加培训，有没有正面价值呢？

在这里，我给大家讲一个故事。我有一位朋友，开了一家服装公司，绝大多数员工都去参加了他要求参加的一场企业文化培训，培训的形式相对激进，公司的一名设计总监听说后不愿意去参加。全公司的高管里大概就只有她没参加了，每次让她去，她都不愿意去，显得她和整个团队特别不合拍。我的这位老板朋友很苦恼地问我怎么劝设计总监。

我问他："你的设计总监不去参加企业文化的培训，是不是担心被洗脑？"

老板朋友说："有这个可能。"

"说明她作为一名设计师，非常有主见，能独立思考，对吗？"

"你这么一说，我觉得还真是。"

"她坚持自己的思想和立场，而身为设计师，一定要形成自己的风格。我相信她很多时候都是特立独行的，对吗？"

"你别说，她非常有才华，她的确是这个个性。"

"光从这几点，你就可以跟她谈了。"

"真的吗？"

"你试试看，这样对她说：'你是非常有主见的，从来不愿意被人洗脑，你总是特立独行，你有自己的见解，也是一个非常有力量的人。我相信，即便你去参加培训，也不会被人洗脑。我只是希望你去看看大家都学了些什么，这样也许在团队沟通的时候，会有一些共同的语言，请至少了解一下你的下属，他们都在参加一些什么培训，好吗？如果在这个过程中，有一些事情你不赞成，你完全可以不同意，有一些也许是你赞成的，也不妨学学，你看，要不要去试试看？'你从这个角度去跟她说，也许有机会。"

老板朋友一听很开心："你说得太好了，我就用这个方式去沟通。"

后来设计总监真的去参加培训了，也学到了一些东西，因为她参加了培训，高管成员之间也更融合了。

我在帮助老板朋友设计沟通语言前，引导老板朋友利用意义换框法，发掘设计总监不愿意参加企业文化培训的正面价值：设计师非常有主见、能独立思考，坚持自己的立场和思想、有自己的风格，工作生活中特立独行，这些特质对于设计总监来说是很重要的特质，是她顺利开展工作的基础。老板在沟通中列出这些正面价值时，也就帮助设计总监突破了她自己的局限性信念，参加企业文化培训，进而了解自己的下属，融入整个高管团队。

找 到 方 法

当双方都认同一些价值、一些想法，就能在共同价值的基础上，找到突破性的、创新性的破解方法。

可以试着寻找三种以上的破解方法，为什么要三种以上？因为一种破解方法可能会在一棵树上吊死，两种破解方法可能会左右为难，只有三种以上的破解方法才能够真正三生万物，实现最后的破局。

找到方法是突破式沟通的最后一步，通过建立关系、厘清情绪、还原事实，发掘出正面价值、共同价值，双方就有可能"肩并肩"一同去找到创新的解法。

突破式沟通，突破的是人和人之间的对立，达成心和心的联结。

第 四 章

突破式沟通
实践案例

认识困难沟通

在人际交往的过程中，充斥着各式各样的冲突，绝大多数的冲突都源于沟通问题。

良好的沟通能帮助我们处理好各式各样的人际关系，反之，会给我们带来困扰，影响我们对人、事、物的判断。

因此，认识沟通中的困难，可以帮助我们更好地改善沟通方式，避免陷入一些困境。

沟通中的争吵、对伴侣的指责、对孩子的训斥、对下属的批评、对客户的妥协、对领导的埋怨……都属于沟通困难，正是这些困难让沟通变得复杂、让情绪变得失控，最终影响事态的走向。

困难沟通隐藏极深，影响巨大，辨识在不同环境里的困难沟通，才能开启良好沟通的序章。

程红月

职场成长教练
英语教学法硕士
突破式沟通授权讲师
DISC授权讲师项目A17毕业生

沟通困境：我们的"山重水复疑无路"

好的沟通，让人如沐春风，令人心旷神怡，所有美好的感觉都纷至沓来；不好的沟通，令人如鲠在喉，各种叫不上名字的情绪一股脑儿地涌上来。

对我而言，沟通困境是"山重水复疑无路"时的无助与沮丧。庆幸，突破式沟通令我豁然开朗，迎来"柳暗花明又一村"。

我们都扮演着不同的社会角色，是儿子/女儿、丈夫/妻子、父亲/母亲、员工/领导。在生活和工作中，如果没有好的沟通，往往会举步维艰。

说了对不起之后，我不知道该说什么

最近，一个在餐厅担任经理的小伙伴碰到了一座无论如何都要迈过去的"山"——她与紧密合作伙伴（也是半个老板的主厨）之间产生了一些隔阂。她说不清楚到底是哪些事情导致了隔阂，但是长达三个月的关系紧张让她在某一晚下班后，终于忍不住打电话向我诉苦。

那晚，餐厅服务出现了疏忽，一个客人给了差评。主厨很生气，在微信工作群里毫不客气地批评了当晚的工作团队。虽然没有指名道姓，但是这位小伙伴感觉主厨就是在针对她："主厨今天把我们所有人都骂了一顿，虽然没有直接说是我的错，但是我感觉就是在说我。我知道我有做得不对的地方，我觉得我应该道歉，但是说了对不起之后，我不知道还应该说什么。"

我问她："你是不知道该说什么，还是知道该说什么，但是不想说？"

她陷入了长久的沉默。

你对这样的场景或者画面不陌生吧？职场中，这样的沟通卡顿很常见。大家来自不同的家庭，接受不同的教育，经历不同，看待事物的角度不同。一旦进入沟通困境，便好似被困在重重山峦中，想要努力攀爬过去。

你对我为什么不能像你对待你的老板和同事一样好

有一个经典的场景，女生问男生："如果我和你的妈妈同时掉入水里，你先救谁？"

伴侣间像这样纠结孰轻孰重的沟通俯拾即是。

妻子：你对我为什么不能像对待你的老板和同事一样好？

丈夫：哎呀，这不是一回事呀！

妻子：怎么不是一回事?! 我问你，如果你老板让你帮忙倒一杯水，你会不会帮人家倒？

丈夫：那毕竟是在公司里面，大家都客客气气的。而且，老板是给我发工资的那个重要人物嘛！

妻子：那你的意思是，因为我不给你发工资，所以我就不重要，你就可以对我不好了？

丈夫：我不是那个意思呀！

妻子：那你是什么意思？

丈夫：……

都说"家，不是讲道理的地方"。然而，我们难免会不自觉地在与伴侣沟通时讲道理，讲谁更有逻辑，讲谁顾全大局，讲谁对谁错。因为爱走到一起的伴侣，如何在柴米油盐酱醋茶的烟火气里，仍然因为爱而更靠近彼此，成就更好的彼此？

家长需要培养孩子的学习内驱力

父母与孩子，恰似两条不相交的平行线。我的孩子的老师一直向我强调："家长需要培养孩子的学习内驱力。"这句话，我从孩子读小学三年级一直听到他读七年级。整整五年，我都没能找到很好的方法。这种无力感令我沮丧：我所学的专业是英语教学，虽然没有从事教育，但也算得上半个老师，怎么就不能帮助孩子找到内在的学习兴趣呢？

我百思不得其解。到底发生了什么？或许从我与孩子日常的对话中可以窥见一二。

我与孩子的约定：每天放学他要告诉我当天在学校英语默写的成绩是多少。每天的默写题目数量不多，但是类型很全面，需要正确拼写单词、写出词性、写出音标。

我：今天默写多少分？

孩子：我忘记了。

我：今天刚默写的，分数你都不记得？

孩子：不记得。

我：那你看一下！

孩子：（翻看默写本）85分。

我：怎么回事？

孩子：就是错了几个不太确定的音标。

我：……

晚饭后，我又一次和孩子就学习问题进行沟通。

我：默写订正过了吗？

孩子：还没有。

我：那你打算什么时候订正!?

孩子：一会儿。

我：一会儿是什么时候!?

孩子：……

挺长一段时间，我和孩子关于英语学习的讨论就是上面这样的对话模式。直到有一天，我突然注意到孩子在说到学习的时候，有了句口头禅"你让我做的……"，如"你让我背的那首诗，我背好了""你让我做的试卷，我快完成了"。

以前，他是无忧无虑的孩子，我是无条件爱他的妈妈。自从我想做他的半个老师之后，我与孩子的沟通便好似两条平行线，没有了相交点。

在这些困境的背后，是我们不断升腾起伏的情绪。那些情绪成为我们与人交往、前行路上亮起的五颜六色的灯，给予我们不同的力量。它们像是在迪士尼动画片《头脑特工队》里的忧忧、怕怕、厌厌、怒怒一样，也有可爱的样子。更可贵的是，这些可爱的情绪小精灵出场，正是在向我们发出信号：前方有困难！请做个深呼吸，放慢脚步。事缓则圆。

欧阳晨光

商务礼仪培训师
突破式沟通授权讲师
DISC授权讲师项目A20毕业生

物业服务如何与业主建立良好沟通

在现代社会中，交流互动是我们日常生活、工作中不可或缺的一部分。尤其在物业服务领域，良好的沟通交流能力是提升服务质量和效率的关键所在。我将和广大读者一同探讨在物业服务领域中的沟通困难，并提出应对方案。

在物业服务领域，存在着许多不同的人群：业主、物业经理、保安、维修工人等。他们拥有不同的文化背景、教育水平以及语言能力。另外，服务流程、服务标准等方面也会因不同的物业类型、特殊维修需求而有所不同。这些因素都可能引发沟通困难。

为了有效地解决沟通困难，我们需要采取一些措施来加强交流。首先，我们可以加强对服务语言的学习和掌握，通过培训，帮助物业服务人员熟悉服务流程，更好地理解服务标准和细节，使物业服务人员更清晰地传达信息，减少沟通误差。其次，物业服务人员应注重建立与业主之间的情感共鸣，积极地了解业主的需求和意见，并及时反馈，建立良好的服务信任关系。最后，物业企业也可以借助新兴技术手段，如智能化设备、客服中心等，快速响应。

总之，要想在物业服务领域中更好地解决沟通困难，我们一方面需要掌握更多的专业技术和优化服务流程，另一方面也需要注重情感互动和建立信任，以提高服务质量和效率，为业主带来更好的服务。

某物业公司来了一名新职员叫小李，他为人友善、工作勤恳，但是总觉得自己与业主沟通上有些困难。他不善于用流畅的语言表达自己的想法，常常话说半截、说不清楚，有时候他在回应业主的需求时，也抓不住业主表达的重点，有些不知所措。即使小李有很多好的想法，也很勤恳，但他总是得不到业主的认可。

小李心里很着急，也渐渐对工作失去了信心。但小李并没有灰心，他通过各种途径去寻找解决沟通困难的方法。他上了一些公开课，阅读相关书籍，同时也学习其他同事与业主的交流方式。

渐渐地，小李的沟通能力提高了，他成了物业公司中的活跃分子，与业主之间的互动变得更自如，也得到了大量业主的认可。

这段经历让小李认识到，沟通困难并不可怕。通过不断地学习和尝试，他可以改善自己的沟通技巧，更好地与他人协作。

小李总结了一些应对沟通困难的小技巧：保持积极态度，主动和他人沟通；使用简洁明了的语言；了解他人的需求和喜好，找到与他人的共同点；发现问题后及时反思自己的不足，寻找改进的方法。

小李的经历说明，沟通困难并不可怕，重要的是要以积极的态度去面对它，并努力去学习和改善自己的沟通技能。只有通过不断地尝试和实践，才能让自己变得更好，在工作中更加出色和成功。

在某某小镇的物业业主聚会上，各位业主的心声都非常相似——"物业服务不升级，我们怎么能够放心地把房子托付给他们？"但是当话题聚焦到"如何改善物业服务质量"时，业主的意见又出现了分歧。有的业主觉得，应该通过投诉来表达不满，甚至对物业公司进行联名抵制；有的业主认为，应该与物业公司面对面地交流沟通，了解对方在工作中的困难与难处，共同寻求解决问题的办法。

大家的观点各不相同，但是又都承认：沟通困难是提升改善物业服务质量的最大阻碍。一位深得大家喜爱的老业主说："我们应该像旅行一样认识物业服务。旅行不仅可以带给我们愉悦的心情，更可以带给我们思考。当我们在旅行中遇到沟通困难时，我们总会学着尝试用不同的方式来沟通，从而更好地了解当地的文化和生活。我们需要的就是一份对物业行业的认识。"这位业主的话给了我很大启发。作为物业服务人员，我们是否可以借鉴"旅行式沟通思维"来解决与业主沟通困难的问题，尝试用不同的方式来沟通，了解业主的需求，及时给予反馈，以提高服务质量，赢得业主的好评呢？

王智

职业培训经理人
突破式沟通授权讲师
DISC授权讲师项目A1毕业生

小林的职场沟通实录

有数据统计，近几年来，职场沟通是广受职场人追捧的一门课程。为什么在职场中，沟通成为重要技能？

我通过小林的职场沟通实录，来总结职场沟通中的困难有哪些。

小林是一家硬件销售公司的培训经理，为人热情，办事可靠，总是为他人着想，在公司勤勤恳恳、任劳任怨地干了5年。过去的5年间，小林总是把加薪机会让给团队成员，心想着作为管理者，要先给员工激励，自己晚一点不打紧。这不，眼看公司年度加薪的时间快到了，小林就想和领导谈一谈今年团队加薪的名额。李总是小林的上级，公司HRD（人力资源总监），为人干练，注重执行力，对人、事、物有较高的执行标准和要求。

这天，小林走进李总的办公室。

小林："李总，这是您要的文件。"

李总："好，放桌上吧。"

小林："李总，您今天有时间吗？有个事我想和您讨论。"

"什么事儿呀？现在说吧，晚一点我还有个会。"李总边看文件边说道。

小林："也不是什么大事儿，这不是年度加薪时间快到了，想和您确认下今年咱们部门有几个名额，怎么安排。"

"哦，加薪这个事儿呀，我还没想过。今年大环境不好，公司上半年业绩下滑得很厉害，另外，业务部门也反馈最近一批新人的培训效果很差，特别是产品内容，很多新人没有掌握关键知识，导致丢掉了很多单子。这个业务培训是你这边统筹的吧？具体是什么原因啊？"李总抬手托了托鼻梁上的眼镜，看着小林问道。

小林瞪大了眼睛，惊呼："今年的业务培训我可没插手呀，业务部门说他们今年客户储备量大，让老员工带教更快，而且每个区域的特点都不一样，上次举行业务培训会议的时候，每个区的业务带头人都拍胸脯说自己来带新人，不用我们的工具和流程，会议纪要早就提交给您了呀。现在出了问题，怎么能怪我呢？"

李总听闻，拍了下桌子："怎么能让他们自己带啊？小林，你也是老员工了，业务部门老带新，你难道不知道提供工具、方法吗？新员工入职后的第一个月非常关键，即使有老业务员带教，培训部门也要跟踪效果啊，怎么能这么不负责任？"

小林一下子慌了，刚要开口："我……"

"好了，你现在去，马上到业务部门了解一下情况，然后找各区域业务老总把新人的问题都收集一下，本周内给我一个解决方案。"李总厉声说道。

"我……唉……"小林深深叹了口气，一脸委屈地走出了李总的办公室。

小林回到工位，一口气还没缓过来，员工小可就找过来了。

小林团队有两名女员工，小可是 7 年的老员工，责任心强，脾气暴躁，人脉广，但对工作热情度不高；小艾是一年的新员工，执行力高，专业性强，情绪稳定。

"林头，你看！我的账号又不行了，做了一上午的自动表格，所有关联都设置好了，最后运行的时候，账号权限又不见了，下午就要交这个表格，怎么办呀？"小可焦急地询问道。"大概网络部又在调试吧，你去问问情况。"小林平静地回复道。

"都问了几百遍了，网络部都是干什么吃的？林头，你去跟领导投诉一下，老是这样，我没法工作了呀！"小可气急败坏地说道。

"知道了。你先用我的账号做表吧，先把表做好。"小林边说边把笔记本电脑递给小可。

"气死我了，我去透透气。"说完，小可就冲出大门去了。

……办公室里瞬间安静了。

小林回想起今天找领导的目的，望着小可工位上还在摇晃的椅子，深深叹了口气。

"林头，我来吧，数据我整理好了，设置一下就好。"小艾在隔壁工位悄悄探出脑袋，轻声说道。

"行吧，你做吧，幸亏有你。对了，业务部门最近的几个新人你接触过吧，都是什么情况？"小林问道。

"哦，我就给他们推送了新员工入司课程，具体情况，上次开会不是说了不需要我们跟进吗？"小艾满脸疑惑地看着小林说道。

"是这么说过，但这不是出问题了吗！唉，行吧，下午你和我去找业务老总了解情况。"小林一脸无奈地说。

下午，小林和小艾就新人培训的事儿找到了高总。高总，做了 10 年业务，现在是公司业务部门一把手，注重效果。

"高总，我们想对针对近期咱们业务部新入职的 6 名员工的工作表现，收集一下您的要求和看法，以便更好地设计培训内容。"小林说道。

"最近这几个新员工，销售底子都挺好的，只是这个业绩结

果不太理想，产品培训这块缺得很多，我昨天还让助理出了套题考核他们的基础知识，结果就两个人及格。咱们公司新人培训这块好像没跟上节奏啊。"高总微笑着说道。

"新人一入职，我们就推送了公司课程，上个月跟进了好几次，新人都说业务忙，一直都没学完。"小艾打开电脑，边说边展示后台数据。

"是啊，高总您看，我们也在跟进。针对目前这个情况，我们在调整培训方式，帮助新人成长，您看您这边有什么要求？"小林接着说道。

"嗯，最近业绩压力很大，你看我们业务一线，只要是能喘气的都出去跑业务了。对几个新人的要求就是以最快的速度赢得订单，核心还是在公司产品，产品好，业绩就冲得快些。"高总边看手机边说道。

"您说得是，还是要以业绩为主，我们也是考虑到这一点，想给咱们业务团队更多切合实际的支撑，您看有什么需要我们配合的吗？"小林拿起纸笔准备记录。

高总放下手机说："这样吧，公司培训部门牵个头，让产品部优化一下产品简章，包括营销话术之类的，发给业务口帮新人强化一下。"

"要不我们开一个线上训练营，让几个新人利用碎片时间学习，之后统一考核，检验一下学习效果？"小艾提议。

"业务那么忙，哪有什么碎片时间学习。有碎片时间，也要用来发展客户。小林啊，就我刚提的内容，你整理一下，交给各区业务吧，市场才是新人最好的老师。"高总靠着沙发说道。

"高总说得是，大致计划就这么定，我们和产品部一起商量，再输出方案。"小林快速回应道。

"好。"高总满意地点点头。

说罢两人离开高总的办公室。

"林头，这么搞业务培训，有效果吗？"小艾出门后问道。

"肯定没效果，新人遇到的难点咱们还没了解清楚，在这里死磕也没什么意义。先走一步，回头和新人逐一沟通一下，挖掘他们的真实需求，然后再做方案。对了，他们的带教导师也要了解一下，你和他们约个时间。"小林吩咐道。

"那高总说的产品部？"小艾问。

"产品信息原本就应该迭代，同步做吧。我去和产品部打个招呼。唉，这都是什么事儿呀！"小林的叹息更沉重了。

小林来到茶水间倒了杯水，一口灌下，心里想着，今天是不是出门没看皇历，怎么事事都不顺？

正郁闷着，这时，同部门的绩效经理阿明也来到了茶水间。阿明和小林同属人力中心部门，和小林同级别，为人理性，做事严谨。

"呦，搁着摸鱼啊。"阿明打趣道。

"唉，说啥呢，心态崩了，正在重建呢！"小林无奈地说道。

"哦，那你得快点儿建，上个月你们部门的绩效评价优级名额超了，一会来我这改改。"阿明打完水，边走边说。

"啊？怎么会超呢？上个月我打过申请了呀，我们部门上个月的业绩都超出计划，没问题的呀！"小林疑惑地问道。

"按制度比例超过了呀，你得调整一下。"阿明看着小明淡淡地说道。

"我上个月向领导申请了呀，领导同意给我加一个名额，你可以和领导确认呀！"小林紧皱眉头，大声说道。

"特殊申请要有 OA（Office Automation，办公自动化）流程哈，目前我没看到，你最好和领导确认好了，在 OA 系统走流程，不然没办法哦，这是你的事儿。"阿明说罢转身离开。

"邪了门了今天，这都是什么事儿啊！"小林一脚踢翻了身边的垃圾桶，双手叉腰站在原地。

好了，看完小林这一天的遭遇，你有什么样的感受？是否似曾相识？如果你面对这些场景，你会如何开展沟通呢？如果运用突破式沟通，效果又会怎样呢？

我们一天有近三分之一的时间在工作，好的沟通不仅能提高工作效率，还能增强自身的幸福感。

运用突破式沟通简单、清晰地做好沟通，照顾好自己，也照顾好他人。

许梦珂

90后宠物行业资深销售
突破式沟通授权讲师
DISC授权讲师项目A6毕业生

生活中的困难沟通

在我们的日常生活和工作中，沟通不可避免。伴侣之间、亲子之间、同事之间、上下属之间等等，都要依靠沟通来彼此关联。然而，许多人常常面临各种困难沟通，从而导致误解、冲突和困惑。

困难沟通源于信息传递和接收的困难。语言障碍、文化差异、心理障碍或者沟通方式不当都可能造成困难。当信息无法准确传达或被误解时，就会产生沟通问题。人们的个性和经验背景也会影响沟通。另外，人们可能因为情绪波动或过度紧张而无法有效地表达或倾听他人的看法，导致沟通障碍。

困难沟通对个人和组织都会带来负面影响，以下是一些常见

的影响。

误解和冲突：导致信息的误解和理解不完全，进而引发冲突和争吵。

降低工作效率：当团队成员之间的沟通出现困难时，可能导致任务延误、重复劳动和效率低下。

损害人际关系：有效的沟通是建立良好人际关系的基础。困难沟通可能导致人际关系的疏远和紧张，使得团队内部和与外部的合作伙伴的关系受到影响。

我们来看看以下几个生活中困难沟通的案例。

案例一：夫妻间的沟通

妻子："你能不能别总是拿了东西不放回去？"

丈夫："我哪里总是不放回去？偶尔一次而已！上次你拿了剪刀也没放回去啊！"

妻子："我哪有你的次数多？你基本上拿了东西都不放回原位，每次我都要找半天。"

丈夫："半斤八两，下次你不放回原位，我就拍照发给你看！"

妻子："……"

案例二：母女间的沟通

妈妈："你这个包太重了，我现在出门不喜欢背很重的包。"

女儿："包包要搭配衣服，还要看场合的呀。"

妈妈："今天又不是什么重要场合，你背这么重的包干吗？"

女儿："和衣服搭配呀，人家家里有很多包包都是为了搭配衣服。"

妈妈："你干吗跟人家攀比呢？"

女儿："我没有攀比，我只是想说包包是为了搭配衣服啊！"

案例三：同事间的沟通

同事 A："Jerry，过 10 分钟跟我们开个会，讨论一下××产品目前遇到的一些问题。"

同事 B："可我现在手头上还有很多事情没完成……"

同事 A："会议比较急，大概占用你一个小时。"

同事 B："你每次会议都很急，就不能提前预约一下吗？大家工作都很忙，时间很宝贵的啊！"

案例四：宠物医生和宠物主人的沟通

宠物主人："医生，你好，我家宝贝最近拉肚子，你能给我配点止泻药吗？"

宠物医生："Candy 主人，狗狗拉肚子的原因比较多，我们要先给它做一个体况检查以及粪便检查，来排查是否有寄生虫，同时还需要做血液学的检查。"

宠物主人："做这么多检查干啥啦，我家狗就是拉个肚子。拉肚子嘛，吃点止泻药就好了呀！"

宠物医生："狗狗不会说话，需要做全面的检查，才能了解

具体的情况。"

宠物主人："我看你们就是想赚钱！"

宠物医生："那你去别家看看吧。"

案例五：客户与销售的沟通

客户："你们公司的产品总是这么贵，就没有便宜的。"

销售："我们是外企，有关税，而且产品研发也要花很多钱，成本高了，售价也就高了。"

客户："有些产品卖了这么多年了，早就回本了，也没看你们降价。"

销售："我们也没办法，打工人左右不了公司的决策啊。"

通过以上案例，我们可以看到在实际生活中困难沟通普遍存在，如夫妻间的生活摩擦、亲子间的代沟、同事间的不理解、医生与病患间的矛盾、客户与销售之间的摩擦等。这些案例揭示了沟通中可能出现的误解、紧张关系和情绪问题。

深入了解和探讨生活中的这些案例，有助于我们更好地认识困难沟通的本质和影响，并为我们提供启示。突破式沟通是一个非常棒的工具，它将一步一步帮助大家走出沟通的困境。

赵冰

讲书教练
突破式沟通授权讲师
DISC国际双证班F67毕业生

同理心：突破式沟通的关键核心

青春期的孩子，你让他往东，他偏往西；固执的父母，一边吃着剩菜、剩饭，一边去买特别贵的三无产品，怎么劝都不听……面对这些困难沟通的场景，我们该如何去应对呢？

答案就是：突破式沟通。突破式沟通的核心是：335密码。安装3道防火墙，突破3个沟通死角，按照5步流程推进。听上去很简单吧，但要用好这个密码，有一个前置的关键核心：沟通者要带有同理心。

简单地把说话当成沟通，这是人们对沟通最大的误解。在沟通之前，认真倾听对方的语言，用心感受对方的情绪，是非常重要的，这也是常常容易被忽略的。

科学家研究发现，人和动物很重要的区别就在于人有同理心，也就是人的大脑中被触发的共享表征。比如，一个人看到别人的手被刀割伤了，自己也会觉得疼痛，那是因为他在观察他人的痛苦时，激活了相同的神经区域。

有人觉得同理心很简单，认为同理心不就是将心比心、换位思考嘛。可是，并不是所有人真的明白什么是同理心，也不是所有人都真的能做到有同理心。

我曾经看过这么一个视频。在美国得克萨斯州，有一个女孩失恋了，受到了打击，孤独地躺在自家车库前的一块空地上，天上下着大雨，女孩浑身都淋湿了。这个时候，女孩的妈妈下班回来了，看到了自己的女儿独自在雨中"犯傻"。于是，妈妈将车停好后，下车走向女孩……

到这里，我们暂停一下，现在请你想象一下，如果你是这位妈妈，接下来你会怎么做？

这个问题我问过很多人，有的人回答说："我会赶紧让女儿起来，别感冒了。"还有的人说："我会伸手拉起地上浑身湿透的女儿，问她发生了什么。然后跟她讲道理，不要这么傻，告诉她这么做不值得。"

当我看到视频里的妈妈做法后，大受感动，感动之余又若有所思。妈妈下车后急得连车门都没关，什么话都没说，只是默默地拉着女儿的手，躺在了她身边，安静地陪女儿一起淋雨，让女儿感受到家人的陪伴。

我扪心自问："我能做到吗？"我不能，我问过的大部分人都说做不到。到底什么是同理心？这才是同理心。

同理，不是同情；同情是疏远，而同理是靠近。

再想象一个场景，如果现在你朋友养的宠物狗去世了，你会怎么安抚她？

第一种说法："没什么大不了的，回头再买一只就行了，你别难过了。"这其实是在否定。潜台词是"你不应该伤心、难过"。对方听了，会觉得你站着说话不腰疼，太冷酷无情了。

第二种说法："想开点，小动物寿命比较短，死了不能复生。下次可以养个寿命长一点的宠物。"这种自以为是、好为人师的建议，对方根本听不进去。

第三种说法："你饿不饿啊？我给你煮碗面吃。别想不开心的事了，咱们去唱歌吧！"这只是在打岔。吃完面，唱完歌，朋友还是会难过。

不懂沟通的人，貌似是在安抚对方，其实是在否定、建议、打岔，效果不好，甚至会适得其反。

那么突破式沟通的做法是什么呢？是带着同理心，设身处地地为对方着想，说出事实，理解对方的情绪，发现对方的价值观及身份。

如果这些都做不到，最简单的方法就是表达"我在这里"。就像视频里的那位妈妈一样，一句话都不说，只是默默地陪伴着女儿。

当然，突破式沟通的应用场景远远不止于此。一些难缠的客户、情绪化的同事、强势的老板，我们都可以带着同理心，用好突破式沟通。

欢迎你走进突破式沟通的世界，助你人生更成功！

安装沟通"防火墙"

自从参加李珂老师的突破式沟通三天训练营之后，我在很长一段时间内不停地反思过往。上帝给了我们一张嘴巴，但很多时候我们却说不出动听的话。我们可能只需要 20 个月就可以学会说话，但需要一辈子去磨炼如何学会沟通。

"突破式沟通"335 密码的开篇内容——安装沟通三道"防火墙"，树立了三个沟通"大原则""大信念""大基础"。

本节由 10 位嘉宾主笔，其中不乏培训公司的创始人、国内知名讲师、知名企业销售负责人、知名民企党总支书记、国内最大读书 APP 区域代理人、知名外企职员等。他们主要从三道"防火墙"角度阐述了各自的理解。

效果比道理更重要。建议大家不要把注意力放在"有没有道理"上，而是要放在"有没有效果"上。赢了道理，同事之间的关系差了；赢了道理，孩子却不爱搭理；赢了道理，爱人根本不待见……这样的结果，到底是"赢"还是"输"呢？

没有冲突，只有不同观点。基于不同立场、不同角度，处理事情的方式各有不同。因此，我们不能仅仅以自己的视角去处理沟通冲突，而要学会换位思考、同理心思考。

情绪是信念的投影。我们的负面情绪并非由事情引发，而是事情动摇了我们的某种根深蒂固的"信念"，而"信念"让我们产生诸多负面情绪。只有从根本上建立正向的信念，才能持续保持良好的情绪反应。

当我们安装"防火墙"之后，我们才能逐步建立良好的沟通反馈机制。

包翔

PPT/工作汇报/商务演讲培训师
突破式沟通授权讲师
DISC国际双证班F3毕业生

学会沟通，你的生活会变得更美好

关于第一道"防火墙"：效果比道理更重要

以下是一对母子的对话。

妈妈："哎呀，你怎么回事啊？我在厨房都忙了快一个小时了，你在书桌前就写了五行字？"

孩子："我在写啊，刚才铅笔钝了，所以我要找卷笔刀卷铅笔。"

妈妈："你找卷笔刀卷铅笔，花了大半个小时，你是卷了50支铅笔还是100支铅笔啊？你要抓住主要矛盾！核心任务是写作业，不是浪费时间。"

孩子："不是的，我没有浪费时间。我写作业要用这支铅笔，但是我发现卷笔刀找不到了，所以我找卷笔刀找了很久……"

妈妈："你做作业就必须用这支笔吗？你铅笔盒里有这么多笔，为什么一定要用这支笔写呢？想清楚你的目标是什么，好吗？目标不是卷笔刀，不是卷铅笔，是快点完成作业！完成作业，明白吗?!"

孩子："我是想快点完成作业的，老师说笔画要严格按照字帖来写，但是我经常写歪，我要擦了重写好几遍才能写好……"

妈妈："你怎么这么多理由啊！我让你尽快完成作业有错吗？哪来那么多废话!"

到这时候，很多妈妈已经接近崩溃了，有些妈妈已经不打算和孩子讲道理了。

这个案例中，我们要思考一个关键问题：**讲道理真的管用吗？**很多时候讲道理，讲着讲着就越来越没有道理了。

讲道理"失效"的原因无外乎以下几个：

防御心理：你说得有道理，但是我有自己的道理。相比之下，我更愿意坚持我的道理，哪怕它不一定真的有道理。

自尊心理：你说得有道理，但是你这样说我，我很没有面子。为了面子，我必须殊死抵抗不接受你的道理。

情绪因素：你说得有道理，但是我当下的心情很差，我要的是对方真诚的聆听和安慰，而不是和我讲那么多大道理。

表达方式：你说得有道理，但是我就是很讨厌你居高临下、趾高气扬的说话方式，我虽然没有你位高权重，但我就是不愿意听你的大道理。

抵触改变：你说得有道理，但是我不想改变，我有很多很多的顾虑，你不是我，你无法真正体会我的难处，哪怕你说得很有道理。

怎么办呢？我们应该构建突破式沟通的第一道防火墙——效果比道理更重要！不要把沟通的主战场放在"讲道理"上，而是要聚焦在"目标效果"上。

"讲道理"是把注意力放在过去的事情上，是在事情发生后，做检查、评价、反馈、纠改；"讲效果"是把焦点放在未来。聚焦过去容易产生负面情绪，而展望未来，大家很可能达成一致，更容易产生情绪共鸣。

那么我们应该如何正确地"讲效果"呢？

策略一：聚焦效果，讲真正符合需求的话。

奶牛和老虎是一对恩爱的夫妻，老虎爱吃肉，把肉省下来给奶牛吃，并且告诉它："爱是尊重，爱是接纳，爱是爱屋及乌。"奶牛听了道，点点头，吃了三年肉。奶牛也很爱老虎，它省吃俭用，把节省下来的草几乎都给老虎吃，告诉它："爱是尊重，爱是接纳，爱是爱屋及乌。"最后老虎吃了三年草。

三年后，奶牛病了，老虎骨瘦如柴。在它们奄奄一息的时候，问它们：爱到底是什么？奶牛说：爱是让我吃草。老虎说：爱是让我吃肉。

这个寓言故事告诉我们：我们通常认为为对方好，完全是自以为是，对方未必真正需要。

所以，对一个失恋的女人而言，她需要的不是你和她讲女人要懂得保护自己，女人要经济独立等大道理，你最好就安静地聆听她诉苦，安慰她，最后和她策划一下未来可以做些什么。

策略二：聚焦效果，讲短期可以实现的话。

如果你想激励孩子，你不妨告诉他："只要你这学期考试得两次满分，就带你去上海迪士尼玩。"这对很多低年级的小学生而言，还是可以实现的，明显比"讲道理"更有效。

策略三：聚焦效果，讲能迈出第一步的话。

如果领导和你们团队一起复盘一个失败的项目，总结下来，目前团队存在"纪律涣散、经验不足、方法陈旧、市场反应偏慢、执行能力不强"等问题。领导一讲完话，你就心情极其沉重，最关键的是，你不知道接下来该做什么。如果领导懂得突破式沟通，他会说："尽管我们在纪律、经验、方法、反应和执行力诸多方面存在不足，但是我从这个项目中还是看到了大家敢于挑重担、敢于突破的决心，下个项目，大家优先把执行力问题解决好，那肯定能成功。"

关于第三道"防火墙"：情绪是信念的投影

盛夏八月，小李和闺蜜一起逛街，觉得渴了，于是打算去买两杯冰奶茶喝。她们排队后没多久，后面多了一个中年人来排队，再后来又来了一个大学生模样的戴眼镜的男青年。为了消磨时间，小李时不时地前倾身体，凑到闺蜜耳朵边上说些悄悄话。忽然，排队伍最后面的男青年快速跑到小李和闺蜜中间"插队"。

小李非常生气地说："你这人怎么这样啊？大家都排着队呢，你为什么插队啊？"

小李的闺蜜这时候也非常生气地说："太没素质了吧，大家都很热，你觉得这样插队合适吗？"

男青年梗着脖子说："我有急事，我买好了马上就走。"这时候，指责男青年插队的人多了起来……

看到人多势众，小李和闺蜜似乎有了更大的勇气，对这个男青年说："你有急事，我们就没有急事啦？去你原来的位置！"

男青年死活不挪位置，还叫嚣道："有本事，你就报警啊！"小李和闺蜜气得不行，排在小李后面的中年男人摇摇头走了……

男青年看到中年男人走远了，立刻向小李抱拳道歉说："对不起啊，我不是存心插队的。我看到排你后面的那个中年男人悄悄把手伸到你的书包里……"

如果你是小李，当你听到这个男青年的解释，你会是什么情绪？你该如何回答这个男青年呢？你大概率非但不会责骂他，你和闺蜜还会反过来向他道歉，为你们的鲁莽和冒失道歉，为错怪他而道歉，打从心眼里感激他。

这个案例中，我们要思考两个问题：到底是什么真正诱发了我们的情绪？这对我们突破沟通障碍有何启发？

想要回答这两个问题，我们有必要先了解一下经典的"情绪ABC理论"。

"情绪ABC理论"是由美国心理学家阿尔伯特·埃利斯（Albert Ellis）在20世纪70年代于《理性情绪疗法》一书中率先提出的。"情绪ABC理论"认为激发事件A（Activating event）引发了个体对激发事件A的认知和评价进而产生信念B（Belief），信念B最终导致了情绪和行为后果C（Consequence）。换言之，人的消极情绪和行为障碍结果（C），不是由于某一激发事件（A）直接引发的，而是由经受这一事件的个体对它不正确的认知和评价所产生的错误信念（B）直接引起的。

"情绪ABC理论"提供了一把解决负面情绪的"金钥匙"。它让我们明白真正影响我们情绪的不是事件本身，而是我们对事件的信念（理解和解释）。如果改变了这种信念或理解方式，我们的情绪体验也会发生变化。

简单地说，就是如果我们用负面的视角看待对方的意图，那么我们得到的就是负面情绪。反之，如果我们用正面的视角看待对方的意图，那么我们得到的就是正面的情绪。

从这个角度看，"情绪 ABC 理论"与美国心理学家卡罗尔·德韦克在 1988 年提出的"固定型思维和成长型思维理论"颇有异曲同工之妙。

"固定型思维和成长型思维理论"认为人们对待生活和自己的信念存在两种基本思维方式：

固定型思维。认为人格特征是不可改变的，生活中各种事物也是恒定不变的。这会导致对自己的质疑，产生消极情绪。

成长型思维。认为人都能成长进步，生活的各种事物也是可以被主动改造的。这会导致人在面对困难时，会相信通过努力和行动可以改变，产生积极主动的情绪。

"情绪 ABC 理论"与"固定型思维与成长型思维理论"都认为个人的思想因素（解释方式或思维方式）是影响结果的关键。因此，我们要用更积极、更主动、更开放的思维去看待"麻烦事"，从而进行突破式沟通，消除沟通障碍。

老板批评小赵："小赵，我说过你至少两次了，给大客户的材料一定要彩色、单面打印，你这次给的材料又是黑白、双面打印的，你到底有没有脑子？"

小赵学过突破式沟通，很快反应过来，他立刻对老板说：

"谢谢您啊，领导，亏得您提醒我。如果您不说，把这份材料给大客户，他们还不骂死我们啊！我回头写个便利贴贴在我电脑旁，确保我下次打印材料时肯定按照您的要求打印。谢谢您啊！"

小赵在回应老板的过程中，先指出具体问题，再描述后果，最后提出解决方案，有效避免了冲突，也获得了老板的谅解。

刘红梅

帆书(原樊登读书)城市阅读主理人
突破式沟通授权讲师
DISC授权讲师项目A12毕业生

一味地讲道理，不如更加注重效果

很多人在跟别人沟通的时候，说着说着就忘了到底想达成什么目标。生活中特别典型的情景是父母辅导孩子做作业，父母暴跳如雷，孩子满脸委屈。父母想要达成的目的是什么？是希望这个孩子好好学习，希望孩子爱父母，希望这孩子能够记得父母曾经辅导他学习，希望亲子关系良好，渴望孩子能拥有内在的动力。但是大部分父母辅导没多会就生气了，讲了好多道理孩子却根本听不进去。

父母的行为是什么呢？不断地告诉孩子学习的重要性，用讲道理的方式一遍遍地讲，但实际效果是什么呢？可能因为父母不懂孩子，所以孩子不愿意和父母继续沟通；可能因为父母用的方式不对，反而影响了亲子关系。这个时候，父母应该怎么办呢？目的是和谐的亲子关系，既然讲道理这个方法没有效果，那就寻找更加有效果的方式。当父母开始寻找时，其实就从讲道理调整成关注效果。

再举个职场的例子，有一个工作了 5 年的员工跑进门来跟老板说我要辞职，老板很严肃地问："阿霞，你一直干得不错，业绩也很好，为什么要离开呢？"阿霞回答说："最近心情不好，感觉做的工作重复，没有意义。"老板有点生气，大声喊道："你为什么要这么以自我为中心？是不是觉得公司不够好？你认为你出去能那么容易找到好工作吗？"阿霞试图解释："我并不是这个意思，我只是近期状态不好，觉得工作没意思。"老板说："爱干不干，我们给的工资待遇随时招人都没问题。"阿霞越发尴尬和困惑，她决定结束对话并离开公司。

如果老板应用突破式沟通的方法，去思考：老员工离开是我真正想要的效果吗？对于一个公司来讲，招一个人需要成本，员工培养了这么多年了，突然之间走掉肯定有损失。老板运用第一道防火墙"效果比道理更重要"，想了一下三个目标：我通过这场谈话想达到的目标是什么呢？我希望能够减少人力的成本，能够让这个员工留下来。我希望阿霞达成的目标是什么呢？我希望她能够有长线的计划，稍微有点耐心，能够在职场当中获得更进一步的发展。我希望我们俩之间的关系达到什么水平呢？我希望她能够感受到我的善意，她能够感觉到我对她的辅导。当老板把这3个目标想明白了以后，心情好了很多。于是，他站在一个辅导对方的角度去倾听，去了解，最后想出一些方法来解决阿霞目前的问题。

道理固然重要，但是效果才是我们真正需要的东西。我们常常会去争执谁对谁错，陷在问题中间忘记了自己真正的目标。说道理往往是把焦点放在过去的事上，注重效果则把注意力放在未来。效果是定下计划的意义基础，也是所有行动的指南。只追求有道理但无效果的人生，难以有成功和快乐的体验，效果比道理更重要！可是，在工作和生活中，却有一些人为了遵循某个道理反而失去了效果。我刚入职的时候，很喜欢与客户争论，虽然最终我证明我们公司的产品是最好的，讲道理，我赢了，但是客户却都不愿意搭理我了！我赢了道理却输了生意。结果，我非但没有获得争赢的成就感，反而产生了一股莫名的失落感。

亲爱的读者朋友，在你的生活或工作当中，有哪一些是属于有道理却没有效果的情况？请你把它写下来，以便于你着手去改变自己。

道理最终是为效果服务的，没有效果的道理有什么意义呢？尽管大胆地去追求人生的各种效果吧，不必担心有没有道理！如果你能真正地理解并运用这道沟通防火墙，你的人生将会有更大的弹性，生活也将变得更好！

陈莉

CTT高级教练式培训师
突破式沟通授权讲师
DISC授权讲师项目A19毕业生

突破式沟通的核心是突破自我

沟通最大的作用是求同存异，进而完成需要协同的工作。比如在原始社会，人们用简单的语言进行分工，有人去诱捕，有人去围捕，有人去击杀，只有用沟通的方式才能明确分工。但有的任务危险性大，比如诱捕，这个时候就需要更有效的沟通，让具备这种能力的人愿意去承担这个任务，才能完成集体的目标。

沟通最大的问题是每个人都有自己的认知，对事件的看法和做法都不一样。所以，我们需要用突破式沟通打开藩篱，完成目标。突破式沟通最核心的要点是突破自我，如何突破自我呢？我们得学会为自己安装三道防火墙。

第一道防火墙——效果比道理更重要

沟通的作用是达成共识或者完成共同目标，但人们在沟通时往往各讲各的道理。

只强调道理正确而做不出效果，是自欺欺人。只强调道理正确，会让人们陷入"非此即彼"的困境。要么我对，要么你对，但沟通不是"零和博弈"，是要达成共识。

没有两个人的道理是一样的。如果大家看过辩论比赛，就会发现一个有趣的现象——对于同一个议题，正反双方都会找到很多例证和道理来佐证自己的观点。

在我们日常的生活和工作中，大家过去的经历、学识、认知有所不同，所以在面对同样的问题的时候，我们可能会得出不同的道理。

道理就是对错，要穿越对错看效果。道理是从很多独立的事件中，总结出的规律。讲出这个道理的人会认为自己是对的，凡是和此观点不符的，就一定是错的。

沟通开始前，试图用道理去说服对方，这样的沟通还没开始就走入了死胡同。围绕效果设计沟通过程，这样的沟通才会真正取得突破。

道理把焦点放在过去，效果则把焦点放在未来。讲道理，是把今天的行为和过去的经验来比较，如果相符，就是对的；讲结果，是把今天的行为和未来的效果联系起来，看看今天的行为能不能达到效果，着眼点是实现目标的路径。

时间永远向前，我们无法后退，把焦点放在过去，只会爆发无谓的争论，把焦点放在未来，才能达成共识。

没有效果的道理没有意义。我们常常陷入一个误区——追求道理的正确和别人对道理的认同，而忽略了用道理指导事件的最终目的是追求效果。

老师告诉学生，要努力学习，才能考上心仪的大学。道理没错，但仅仅这样讲道理，是达不到有效沟通的。老师还会采取更多的措施，比如和每个学生做不同的沟通，找到每个学生最有价值的学习方法，帮助学生考上心仪的大学。否则光是讲道理，即使再正确，也没有任何意义。

第二道防火墙——没有冲突，只有不同观点

沟通就是为了弥合不同的观点，而一次失败的沟通，就是把不同观点变成了冲突。冲突就是各自的观点不一样，谁都不愿意调整和改变，最后迎面相撞，两败俱伤。

其实，很多时候我们解决冲突并不是只有一条"路"，而是有很多"路"可以走，但有的人要么看不见"路"，要么看见"路"不走。

我们常说某人能力很强，说的就是某人解决冲突的办法多，

能力强的人碰到问题的时候，最常用的思维是：在现有的资源下，我有多少个解决方案？哪一个方案是最优解？可否调用更多的资源解决问题？当你面对同一个问题，有四种以上的解决方案的时候，你就会变得灵活，游刃有余，而只拥有一两种解决方案的人，往往会陷入左右为难的境地。

很多人面对冲突的时候，常常选择愤怒作为最优的解决方案。一个能力强的人，就会有很多选项，比如真诚的微笑、认同的语言、适度的安抚动作等，再弥合不同的观点。

沟通时，当我们发现观点不同的时候，其实有一个高招可以避免冲突。这是一个语言表达的公式："哦，你是这么认为的"＋"我说说我的理解……"；或者"我明白你的看法了"＋"我想说说不同的看法……"。

第三道防火墙——情绪是信念的投影

我们用人体的感官摄入资料，因为不能捕捉所有资料，总是主观地选择"部分资料"。

摄入的资料经由我们的"信念系统"过滤，凭所产生的情绪感觉而停留在脑中。外界的资料进入我们的大脑，最初只是客观世界在大脑中的镜像，但每一个不同的人都会用自己的"信念系统"进行加工，最后保存在大脑中的是加入了个人情绪感觉的产物，这个产物又会对后面的资料再次进行加工。

我们来看一个场景：一只马蜂飞到你头上，而你不知道，朋友看到了，就用手里的杂志打了一下。

当你不知道真相的时候，这个事件在你的大脑里会按下面的路径演变：朋友不应该无缘无故打我——我感到没有被尊重——我理所应当要表示抗议——我的情绪是愤怒。

而当你知道真相的时候，路径就会截然不同：紧急情况应做有效的事情，可以不拘小节——我的朋友在关心我的安全——马上道谢——我的情绪是感激和开心。

同样一个场景，因为信念的不同，最后是完全不同的结果。进入哪个信念之门，就会产生哪种情绪。

在沟通中读懂对方的情绪，有助于我们了解对方所处的状态，了解对方的感受，读懂对方情绪背后的信念、价值观；有助于我们用同理心、共同价值去配合对方以便达成共识。

只有突破自己的原有认知，建立三道防火墙，才能更有效地看到处在沟通中的自己和对方，才能突破困难沟通，成为在沟通中控制局面、达成目标的人。

方婷

新女性IP运营导师

突破式沟通授权讲师

DISC授权讲师项目A19毕业生

不要让沟通变成辩论赛

家里的新房还有两个月就要交房了，因为我对装修比较看重，所以前几天我和设计师专门沟通了喜欢的风格、布局和使用需求。设计师设计了两个平面图，有一个平面图对家里改动比较大，但是风格我非常喜欢，另一个改动比较小，但是风格比较普通。新房装修也是家里非常重要的事情，我老公又是一个非常细致和严谨的人，我主动和他一起沟通设计方案。

老公看到设计方案以后的第一反应就是："精装修的房子怎么改动这么多？会不会工期很长？有必要改动这么大吗？"如果是刚结婚的时候，我第一反应肯定是：他怎么不问问我的想法？他是不是心里没有我？这日子还能过吗？然后就会大吵一架，不欢而散。我想跟他解释和辩论一番，说服他接受我喜欢的方案，如果他还不同意，可能还会强势地要求他同意。

但是请大家想一下，这种沟通方式能达到沟通成功的目的吗？还有没有更好的方式呢？

我立刻调整了思路，本着效果比道理更重要的原则，现在最重要的是快点定下平面图，这样才能快点出效果图。

"老公，原来你是这么想的呀，你刚才说觉得平面图改动多，担心工期长是吗？这个平面图我只是初步和设计师沟通了一下，我先简单说一下这两个平面图的出发点和设计理念，你看看哪里不满意，咱们一起商量修改方案。时间比较紧张了，咱俩今天就得商量好，这样设计师才能尽快出效果图和施工图。"

老公看我态度诚恳又很平静，马上就转变了态度，不好意思地说道："我也不是不同意，就是担心这样一改，工期延长、费用增加太多了。当然，装修我也不懂，你看着定就行，我相信你。"

所以，最终只是修改了一些小细节，新房还是按照我喜欢的那个风格装修了。

部门里转过来一位新员工小 Z，小 Z 在原来的岗位上资历很深，表现也不错，公司希望他在新的岗位上能够突破自己，提升该岗位的价值。转过来两周，我终于有时间和他单独面谈。以下是我们的面谈场景。

我："小 Z，我最近一直在出差，终于有时间和你聊聊了。你对新岗位的工作内容熟悉了吗？最近的工作安排是什么呀？"

小 Z："领导，我最近很焦虑啊，我感觉工作虽然都交接完了，但还是一头雾水，不知道该从哪里下手，问了好多人也不是特别清楚，是不是得找一个人好好带带我呢？"

我："是吗？那你想让谁带你呢？你现在都熟悉了哪些工作呢？哪里有问题？我们详细沟通一下重点工作吧，梳理一下。"

小 Z："我也不知道。"

看到这里，你是怎么想的呢？是不是觉得谈话陷入了僵局？还是觉得我应该马上帮他梳理一下工作，找人带一下他？

其实，看了他的反应，我立马意识到好像不对。他其实不想让我给他讲道理，他是有足够的经验应对的，只是心态还没有完全适应，缺乏安全感和信心，我其实要做的是心理辅导。然后我说了下面的话。

"小 Z，我记得你才转过来两周吧，是不是心态上还没有完全适应呀？是不是很着急，想快速上手？你的心情我是非常理解的，就像我刚来公司的时候，感觉非常没有安全感，还担心自己的能力应付不过来，又担心自己融入不了团队。经过这段时间的相处，我知道你是一个对待工作认真负责的人，以你的能力处理现在的工作是绝对没有问题的。从我的角度来看，你现在最重要的两件事，一是调整好自己的心态，不要太着急，按照你自己的节奏来，压力不要太大，心态好了，事情自然也能做好。二是多下市场，了解市场的需求，根据市场的需求制定工作计划，这个我们可以随时沟通。另外，你还需要什么支持，随时都可以找我。"

他说："哎呀，太好了，最近几天我都焦虑得睡不着觉，就担心做不好这个工作，总觉得太慢了，非常着急，今天听您这么说，我就心里踏实了。我跟您说一下我本周的工作计划……"

这两个案例，说明了突破式沟通第一道"防火墙"——效果比道理更重要的重要性。

很多时候，在沟通中出现冲突，是因为大家都站在自己的角度，都觉得自己的道理是对的，对方应该听自己的，于是沟通最后变成了辩论赛。每个人都有自己的角色定位，看事情的角度也不同，所以每个人的"道理"都不一样。在不同时期面对同一件事情，同一个人的"道理"也是不同的，所以我们无法通过自己的道理去说服另外一个人。而且，每个人的认知和理解都是有局限性的。因此，在沟通中，我们应该尊重对方的观点，并试图理解他们。只有这样，才能建立互相信任和理解的基础，从而达成有效沟通。

只有通过实际行动和协商才能达成共识和解决问题。因此，我们需要注重实际效果，尽可能地寻找双方都可以接受的解决方案。为了效果而沟通，比为了道理而沟通更有意义。

美欣

民企集团党总支书记
高级人力资源管理师/经济师
突破式沟通授权讲师
DISC授权讲师项目A20毕业生

如何让你的沟通更有效？

我是一名民企集团高管、资深人力资源管理工作者，30岁前积极储备职业发展需要具备的知识技能，专业领域涵盖教育、金融、经济、人力资源管理等。工作20多年来，我结合社会和职业发展趋势，不断为成为综合型、复合型管理人才努力和精进。

我在集团化企业从事管理工作，因为工作需要，经常与各种类型的人员打交道，从一线生产员工到总裁、董事长，与各层级人员有过较紧密的工作沟通；负责党建工作，以企业管理模式系统化打造党建工作体系，负责过脱贫攻坚、乡村振兴项目的落实，与当地农民、驻村书记、县长、市长也有较深入的沟通。自己多年来混迹各个学习圈，结识了不少国内外各行各业的精英同学。可见我在工作学习场域所接触的人群还是挺广的。

一个人在工作和学习的过程中，往往少不了各种沟通。

李珂老师（国际培训与教学技术学院院长）的突破式沟通，特别是3道防火墙的第一道——"效果比道理更重要"让我受益匪浅。围绕效果主动沟通、真诚沟通、策略沟通，可以及时化解工作与生活中的很多完全可以避免发生的误会和矛盾。

沟通是一个信息交流的过程，有效的人际沟通可以实现信息的准确传递，达到与他人建立良好的人际关系、借助外界的力量和信息解决问题的目的。但沟通是一门牵涉众多内容的大学问，从信息源到传播工具、背景等等环节的误差，都可能影响沟通的效果。

"效果比道理更重要"，强调效果的重要性，让我们自然地关注沟通的效果，而不是我说得对不对、你说得对不对。道理把焦点放在过去，根据我们过往的经验和价值观来做判断；而效果则把焦点放在未来，围绕双方当下的立场和需求，找到最大化的共赢方案。我们要学会穿越"对错"看效果，因为没有效果的道理是没有意义的。

所以，准确传递沟通信息、正确地定位身份、梳理有效的沟通信念、为效果而说，往往容易达成有效沟通。

2018年年初，小李和闺蜜聊天，被樊登老师"一年读50本书"的金句吸引，小李想趁这个机会和闺蜜小王一起提升阅读量，为未来职业发展做储备，所以她们就一年是否能读 50 本书的问题进行了激烈的争论。

小王："小李，你现在一年读多少本书？我现在一年才读 3 本，一年要读 50 本书，怎么可能？每天工作那么忙，事情又那么多，不是加班，就是陪小孩做作业，哪有那么多时间读书？虽然我也很想学习，但一年读 50 本也太难了吧，能读 10 本就不错了，你说呢？好纠结啊！"

小李："怎么不能啊，人家樊登老师能提出来肯定是经过可行性分析的，你就是懒。整天想升职加薪，现在不学习提升以后有机会也轮不到你，是不是？我们应该抓住这个机会逼一逼自己，不要整天给自己找那么多借口……"

小王："你怎么这么说话呀，我哪里得罪你啦！"小王气冲冲地走了，留下了茫然的小李。

假如小李学过突破式沟通，她会这样与小王沟通这个问题。

小李："小王啊，你不是想好好做一些职业发展的知识储备吗，我觉得现在是一个好机会呀，你看有了樊登读书这个 APP，学习方便多了，有时间打开手机就可以听，我知道你挺爱学习的，你可以结合自己的情况做个计划，每天听一点，一周听一本，一年就听上 50 本了。你也不要太累哦，还是要注意劳逸结合。以后你还可以给别人讲书，说不定还有机会成为培训师呢！

这也是给孩子树立一个读书的好榜样啊！我们一起试试吧！"

小王："好主意，还是小李你理解我呀！好啊，我们一起试试吧。"

妈妈："乐乐，你又在那里做什么！一整天就知道看电视，作业做完了吗？我们以前做作业，哪里要大人操心？自己一放学就自觉完成，一点都不用家长操心！"

乐乐："妈妈，我哪有整天看呀，刚刚看一会儿，一集都没看完，你就知道诬蔑我，我再看一会儿，就看完这集！"

妈妈："你让我省省心好吗！赶快做作业，要不然明天交不了作业，又被老师点名批评，你给妈妈留点面子好吗？马上、立刻关电视，再看我就把电视机送人了，以后都没得看！听到没有，赶快做作业！"

乐乐无奈地看了妈妈一眼，委屈地坐着，一动不动，虽然电视机关了，但根本就没有要做作业的意思。

运用突破式沟通，妈妈与乐乐就做作业与看电视的问题的沟通就会变成这样——

妈妈："乐乐，你在干什么呀！作业完成了吗？"

乐乐："妈妈，我放松一下，看会儿电视，作业等下再做，就看完这集！"

妈妈："哦，你想看会儿电视，是想放松放松呀，看来这段时间学习辛苦了！看完这集还要多长时间呀？"

乐乐："还有二十分钟，看完我马上做作业。"

妈妈："哦，还有二十分钟呀！妈妈知道你现在想看会儿电视，想和你商量一下，有两个方案，你看你选择哪一个。方案一，妈妈同意你看完这一集，然后做作业，但你要写一篇观后感，写写你这么喜爱的电视有什么好玩的，和我分享一下；方案二，继续看 5 分钟电视，然后把作业先完成，检查好了，继续看 15 分钟电视，把这一集看完。你选择哪一个，妈妈都支持你！"

乐乐："这样啊，那我先做作业吧！"

妈妈："真是个好孩子，自觉养成良好的习惯，懂得把重要的事先做，妈妈为你点个赞！"

郝旭

组织健康引导师
突破式沟通授权讲师
DISC国际双证班F74毕业生

在工作中，如何避免无效沟通？

小恩是公司人力资源部的负责人，人力资源部是统筹公司招聘、薪酬与绩效管理、员工关系和员工发展的部门，可以看到所有员工的考勤记录，也要回复员工的各种咨询和投诉。

一天，小恩的下属小利接到了一名老员工，同时也是产品部部门经理小刘对自己上级的投诉。

小刘对小利说，自己的上级完全不顾自己和同事们工作量已经严重"超载"的情况，任由大家超时加班也不闻不问，只是"画大饼"，让大家继续等。如果人力资源部不帮忙解决这个问题，就告诉他去哪里投诉才能解决这个问题。总之，他实在是忍不了了！

小利听了小刘的种种投诉，被深深打动，觉得小刘的部门负责人老康实在是毫无作为。这也是小利工作这么多年第一次遇到员工投诉自己的上级，小利觉得这事很新鲜，于是就跟小恩讲了。小利还说："其实我们也没有办法解决这件事，就做好一个倾听者吧！"

小恩听到小利对这件事的判断，脑袋立刻就大了。因为她每周都能看到员工的出勤异常，在小恩印象里，小刘上个月4次迟到、早退。小恩心想：时间这么自由，还敢说自己工作量严重"超载"？这不可能吧？同时，小恩心里也有一丝疑惑：小刘所在的部门关系到公司未来拳头产品的顺利上市，这个小刘是公司连续三年的绩效优秀员工，他平时也不会有这么激烈的举动，无论如何还是要看看小刘最近的状态怎么样，如果真的有什么事情影响业务，那可是一定要解决的。小恩让考勤组把小刘的迟到、早退记录调出来，打算约他谈谈。

小恩拿着电脑，来到了会议室。这时，小刘已经到了。他看起来脸色蜡黄、黑眼圈很重，虽然是来跟小恩谈话的，但是依然在回复邮件。

两个人互相点点头，小恩在小刘对面坐下来，直了直身体，字正腔圆地说："刘经理，今天找你来有两件事，一个是关于你上个月有4次迟到、早退，请你解释一下；另一个就是我们要聊聊你找小利投诉康部长的细节。"

小刘立刻就红了脸，气愤地说："是，你们只能看到我的迟到、早退，但是却看不到我半夜还在家里发邮件，今天我们就好好理论理论，你们是不是应该付给我平时晚上在家加班的加班费？"

小恩也强忍着生气说："刘经理，你先冷静，别这么大火，公司经理级员工都是不定时工作制，为什么就只有你在问经理级员工的加班费？你这个态度就很不配合了。这些公司的规章制度就应该懂，咱们先不说了。我们还是别浪费时间，请你先解释这4次迟到、早退，好吗？"

小刘一听小恩说"你先冷静，别这么大火"，莫名觉得更气了。

可以看到小恩和小刘是有共同的目标的，即：让同事们安心工作，保证公司未来的业绩。然而，小恩虽然是沟通的发起者，却忘记了这个焦点，转而关注在小刘的考勤异常。

突破式沟通的第一道沟通"防火墙"——效果比道理更重要，这句话至少包括了以下几点含义：

道理就是对错，突破式沟通要穿越"对错"看效果。

争论道理，就是把焦点放在过去，关注效果，则是把焦点放在未来。

没有效果的道理，没有意义。

回到前文的场景，小恩的开场，至少有以下几点不妥：

没有阐明这次谈话其实是关注未来的。小恩意识到自己要尽量帮助小刘解决他的诉求，毕竟产品部门的状态关乎新产品能否顺利上市，对于公司未来至关重要。然而，这么重要的目的，她完全没有提。

没有关注小刘当下的状态。小恩虽然观察到了小刘的疲惫，却完全忽略了对小刘的问候，她的开场生硬无比。小恩请对方解释其迟到、早退的原因，让小刘反感，以至于小刘反问她加班费的问题。

陷入了跟小刘争论对错的循环里。小刘已经有情绪了，小恩依然对小刘过去的考勤异常不依不饶，一定要小刘解释清楚。就算是争论赢了，小刘确实迟到、早退了，那又怎么样呢？能激励小刘吗？能让产品部门的工作状态更好吗？都不能。

如果可以重新跟小刘沟通一次，建议小恩先装上突破式沟通的第一道"防火墙"——效果比道理更重要。在开口之前，先不急于跟对方争论已经发生的事情的对与错，也不要忽略了她所观察到的对方的疲态，从开场就尽可能地与对方共情，让对方愿意多说话。

话术模板如下：

先不急于评论。

"刘经理，您好啊，最近很忙吧？我看您还急着回复邮件呢。"

"刘经理，我从上个月的考勤记录里，发现了您的 4 次异常出勤，分别是……，能告诉我是什么原因吗？"

客观地说出自己观察到的情况，而不是直接下结论，才能把沟通往前推进。

不要表达过多的观点和态度，要去关注对方的感受。

"看来最近加了很多班是不是？我听得出来您最近很忙，可以跟我说说是什么让您最近这么忙吗？"

这样的说法，可以让对方感受到小恩的真诚。当我们能看到对方的感受，如对方的喜怒哀乐、焦虑、委屈等，我们就能跟对方建立起连接。这种真诚更容易使双方产生共鸣，有利于沟通朝着积极的方向推进。

不要命令对方，而是提出一个请求。

如果不想让对方觉得你是在命令他，那么在说出你的请求的时候，就要让对方清楚你对他的期待。小恩可以这么说："刘经理，我看到您很忙，最近又是新产品上市的关键时期，我想您最近手上的任务一定不少。所以，我就更想知道，作为我们公司遵守公司规章制度的楷模，您在 4 月这几天的出勤异常是怎么回事呢？"

刘伟

沟通&沙盘企培导师
突破式沟通授权讲师
DISC国际双证班F84毕业生

学会站在对方的角度去考虑问题

炎热的夏天，人潮涌动的大型超市里，一些大人和小朋友在儿童用品区挑选商品。其中有一个六七岁的小朋友，正抱着一个十分精美的汽车模型玩具，满头大汗，躺在地上不停扭动。他的旁边站着一位面色平静、身穿黑色连衣裙、三十多岁的女士。

男孩一边扭动，一边说："我就要买这个……非要买。不给买，我就不回去……"

女士蹲下来，眼睛直视着小男孩，语气平稳地对他说："等你安静下来，不发脾气了，妈妈再和你讲话！"

过了五六分钟，女士对男孩说："东东呀，这个汽车模型玩具是挺好的，妈妈也喜欢，可是你已经有很多汽车玩具了，而且这个玩具也很贵呀！妈妈相信你是一个聪明的、能够讲道理的孩子。如果你能说出三个买这个汽车模型玩具的理由来，妈妈就考虑满足你的愿望。"

当小男孩说出第二个理由的时候，为了引导孩子，鼓励他动脑筋，女士的脸上出现了鼓励的神情，小男孩看到有希望了，高兴地想着第三条理由。

这位妈妈非常理性，遇到了这种情况，没有用粗暴的方式——拉走和打骂孩子，反而借此机会，培养孩子多动脑筋，养成好的思维习惯。她和孩子沟通时，无论是行为还是语言都处处尊重孩子，站在孩子的角度去思考，解决冲突。

针对这个案例，我们要思考两个问题：

为什么妈妈能够控制好情绪，和孩子达成一致？

这对我们突破沟通障碍有何启发？

家长与孩子沟通，是为了解决问题，不是为了发脾气，更不是为了说服谁、控制谁。

孩子哭闹着要买玩具，背后潜在的语言是什么呢？是不是寻求家长的关注与重视呢？因为低年龄段的孩子非常需要被注意、关注、赞美，以逐步增强自信心。为此，他会借助可见的玩具来吸引父母的注意力，有时候甚至会用毁物来表达自己的情绪。

家长关注孩子的心理和内心的需求，多赞美，少批评，控制自己的情绪，用心倾听，主动分享自己的感受，少说教，一起和孩子体验不同的场景，才能真正走进孩子的内心世界。

小明是一个做事雷厉风行的人，处理任何事情都希望自己能够在期限内或提前完成，而和小明一起做生意的小伟却是一个做事不急不忙甚至特别慢的人，他总在最后时刻才能完成事务，做事情总不够完美。

最近，他们因向银行提交贷款资料的事情产生了矛盾。小明多次催促小伟早点提交资料，提前检查，避免出现疏漏，也好让经营贷款早点进入审批流程，而小伟却不急不忙地说："怕什么，不是还没有到时间吗？"

小明和小伟在一起工作时，要调整好自己的心态，既然明白小伟是这样的性格，不要只催促，而是主动询问小伟是否需要帮助，帮助小伟整理、检查、完善资料，并表达出相信他能够按时做好。

而小伟在面对小明的催促时，可以这样回答：

"谢谢你提醒我！这次我……（描述指出的具体问题），有可能就……（描述犯错后果）。我回头立即……（具体时间方案）。谢谢！"

我们接下来看另一个案例。

公司三个重要部门开会，研发实验室的李总说："我三年多天天加班加点，在家的时间都没在实验室里多，孩子看见我都快跟陌生人似的，我还要协调各个科研小组人员的事，研发时间还总是缩短，现在你们还要实验室重点注意节约成本！我干不了……"

生产部的刘总说："我早就提醒过，要提前 30 天下通知，好安排后面的生产计划，技术人员和原材料等等都要协调，而且你看技术指标、工艺流程还有变化，现在离交付外商时间总共还有26 天……"

质检品控部的孙总说："总办给我下通知了，你们研发部的费用又超支了，是不是所有开支都是必要的呀？花了那么多钱，研发了四年多，现在成品率才 60％多……"

可想而知，会议肯定是达不成任何共识的，如果运用突破式沟通，场景会变成这样——

研发实验室的李总说："各位老总，我们知道现在公司的药剂面临药监局的最后审查，市场需求量大，我们也是想抓紧时间，优化技术工艺，提高成品率，从而降低成本，要不我们都提一下各自的最亟需解决的问题吧。"

生产部的刘总说："研发部的同事也很辛苦，这几年我们也都有目共睹，李总你看是不是能给我们派几名技术人员，一起再把生产线的流程优化一下，保证生产稳定，再不行临时加几天班，保证按时交货。"

质检品控部的孙总说："是啊，这几年大家都很辛苦，明年公司还准备上市，所以大家都压力很大，大家讨论看看我们能提供什么帮助解决问题呢？"

真正影响我们的不是冲突本身，而是我们通常习惯站在自己的立场，如果我们能从对方的角度考虑问题，就能很快地解决冲突事件。

没有人喜欢听别人给自己讲大道理，如果双方暂时能够放下内心的大道理，基于未来去设想，为了效果去沟通，就可以达成一致。

李志彦

心理疗愈师
突破式沟通授权讲师
DISC授权讲师项目A17毕业生

没有"刀子嘴豆腐心"，只有"刀子嘴刀子心"

上周，我参加了一个同学会。

和老同学聚在一起，叙叙旧，畅谈未来，本来应该是一件很愉快的事情，但一句话却使聚会变得索然无味。

有位女同学，最近刚离了婚。为此，大家心照不宣，谁也不提婚姻家庭的事。但她倒是很坦然，说起近况，也自嘲说遇人不淑。

每个人都有过得不好的时候，向老同学倾诉一下，给情绪一个出口，大家互相安慰鼓励，也算是一种解压的方式。

我正想说："有我们在。"话还没出口，团支书先开口了："真不是我说你，看男人可得长点儿心眼，你说你……"

大家都沉默不语，团支书依旧滔滔不绝。在"为你好"的态度之下，藏不住看热闹的嘴脸。这位女同学忍不住了，眼泪哗哗流下来……

另一个故事也是我最近经历的事情。

我和朋友一起去爬山，在山脚下一家店里吃东西。小店不大，但客人很多，彼此的距离也很近。

当时，我们随便找了两个座位坐下，对面来了一对像大学生的情侣。

一开始我没太注意他们，只是埋头猛吃。后来，我隐隐约约听到两人在小声争论，大概内容是男生借了点钱给朋友收不回来，女生很生气。一开始，男生还赔着笑脸，偶尔回应几句。后来，女生情绪越来越激动，男生就不说话了。男生的沉默好像更加触怒了女生，她越来越暴躁，压低了声音骂了男生一句。

虽然声音不算大，但周围的客人应该都听到了。其他客人频频侧目，而坐在他们正对面的我，当时感觉自己的冷汗都要滴下来了。我抬头瞄了一下，男生黑黑的、瘦瘦的，脸上看不出表情，正一言不发地用筷子挑着粉丝。

我本来以为女生随便骂一句就算了，男生大概也是这么想的，才一直保持沉默。没想到女生根本没有停下来的意思，不仅越骂越大声，还伸手去推打他。

男生终于忍受不了了，低声说了句："你能不能闭嘴，我都吃不下了。"

女生回答："你吃不下就别吃。"

过了几秒，她可能觉得还没消气，又补了一句："你不吃就给我滚！"

男生一言不发，把筷子一放，起身就走了。

男生走了以后，女生开始看着那碗泡涨了的粉丝发呆，不一会儿，女生小声抽噎，用衣袖不停地擦眼泪。

出去以后，朋友说女生是刀子嘴豆腐心。我撇撇嘴："所以呢？她男朋友就活该在公众场合面子扫地吗？"

很多人都听过一句老话，就是"刀子嘴豆腐心"，他们经常用来形容一些语言刻薄，但是心地比较善良的人。对应突破式沟通的第一道防火墙——"效果比道理更重要"，在开头的两个故事里，无论是同学聚会中的团支书，还是小吃店里的女生，都是"刀子嘴豆腐心"的人，她们只关注"道理"对错，却没收获好的"效果"。团支书的一句"善意"的道理，毁掉了一场聚会；女生"恨铁不成钢"的表达，让男生转身就走。

"刀子嘴豆腐心"，明明是语出伤人，却又理直气壮地辩解自己本质善良，如何信服于人？这么说的人根本是打着好心的旗号，做最坏的事。自以为是"好心"，其实是"扎心"，扎心自然不能带来好结果。

最可怕的地方是他们往往不自知，一边用言语暴力伤害人，一边却一厢情愿地认为自己好心地在为别人着想，把别人的心捅得千疮百孔不说，还会觉得别人不识"好人心"。

语言的杀伤力并不比尖锐的利器杀伤力小。只有学会突破式沟通，精通说话的人才能收获和谐的人际关系。

根据突破式沟通的 335 密码，以及我的个人实践，带着同理心说话，能改善"刀子嘴"的情况，获得好的沟通效果。

把"为什么"换成"什么"。

"爸爸，我才不想上学呢，为什么要上学？"

"我很好奇，你是什么时候这样想的？发生什么事情让你这样想呀？"

"什么"时候、"什么"事情，透露着一个人对另一个人的"好奇"，对方不但好回答，而且感觉你在关心他。这样的谈话，拉近了彼此的心理距离。

把"你应该"换成"我需要"。

"亲爱的，我这周又要忙，恐怕不能回去帮你搬家了。"

"我知道你很忙，可是搬家这样的大事，我一个人有点吃力，我需要你在身边帮忙。"

"我需要"，代表着对方有选择权，对方可以选择满足或不满足"我"，这样就比较容易被说动，气氛也会大不同。

男女之间的矛盾，常常就是源于太多的"你应该"、太少的"我需要"了。

把"不"转换成"好"。

"妈妈，我要吃冰淇淋。"

"好，等你肚子好了以后，妈妈就带你去吃冰淇淋。"

"好"，不代表事事都应允，而是对对方的需求表示肯定。对方有这样的需求肯定有他的理由，能不能先在"好"里停留一会儿，再交换彼此的理由？

忽略缺点，放大优点。

像戴着有色眼镜那样，忽略沟通对象的缺点，放大沟通对象的优点。发现什么不好的，先视而不见；发现什么好的变化，马上说出来。

把喋喋不休转换成同理心的沉默。

有时候，我们貌似害怕沉默。沉默带来的社交压力，会让没有安全感的人无所适从。而其实，在沉默所带来的空隙中，常常会有很多有趣的、甜蜜的、灵动的想法出现。

所以，与其喋喋不休，不如在交流完成后，彼此享受一会儿像黄金一样珍贵的沉默。

《非暴力沟通》的作者马歇尔·卢森堡说："也许我们并不认为，自己的谈话方式是暴力的，但语言确实常常引发自己和他人的痛苦。"学会突破式沟通，不再用刀子嘴说话，营造和谐的沟通氛围。

高高

设计工作授权讲师
突破式沟通授权讲师
DISC国际双证班F77毕业生

装一道"墙"，跨万道"沟"

无数朋友、同事对我说他们在沟通中遇到了难题，他们的抱怨都是关于对错、关于认同、关于不可控的情绪等。常见的疑问是："为什么他不懂我，为什么他是这个样子？我们之间真的无法沟通。""我经过多次全面、精确的对比，帮孩子选择兴趣班，我应该是对的啊，可为何孩子不接受我的安排呢？""为什么因为挤牙膏的一点小事，我和老公差点离婚呢？"

其实，我们只要装一道"墙"，便可跨万道"沟"。

"强力胶"还是"万能贴"

孩子的教育问题，向来是小安和丈夫关心的家庭头等大事。

在孩子读什么兴趣班的问题上，小安做了大量的研究，看了很多科学育儿的书籍，为此小安非常自豪，感觉自己真是一个用心的好妈妈。小安特别认同一个教育观点，孩子的天赋和兴趣爱好是需要探索和挖掘的，于是想和丈夫交流看法并提出建议，幼儿园阶段让孩子把所有兴趣班都体验一遍，然后再根据孩子的学习反馈进行删减和调整。小安本以为丈夫能够看见她的付出并给予积极的反馈，至少可以给出一些不同看法和建议，可是丈夫对小安说："你想累死孩子啊？你有钱和时间爱干吗干吗，随便！"小安听后特别恼火，特别委屈。

小安是个非常用心的妈妈，并且用行动证明了自己对孩子教育问题的关心，她想通过体验筛选的方式为孩子选择兴趣班，可是丈夫却并没有关注小安做了什么，只是自顾自地表达自己的看法，关注钱和时间，而没有关注小安本人，以及小安所做出的努力。所有家长在培养孩子兴趣爱好方面都需要投入资金和时间，可是小安的丈夫过度关注这些事情，没有关注小安本人，这让小安很受伤，伤了感情，导致家庭不幸福，即使他说得再对，又有什么意义呢？

建议小安和丈夫在沟通前安装一道"防火墙"——"效果比道理更重要"，不随便否定对方，而是一起商量如何把孩子教育好，把孩子的兴趣班安排好。这比各自讲道理要有用得多。

黑白世界，二元对立的小张和小王

小张和丈夫小王是一对特别优秀的夫妻，都是高级知识分子。当初小张被小王沉稳踏实、积极向上、严谨专业、自律的优秀品质吸引，她觉得小王很靠谱，给她带来安全感；小王觉得小张开朗活泼、不拘小节、古灵精怪，性格很迷人，觉得和小张在一起，人生处处是惊喜。然而，婚后的日子慢慢平淡，生活中的种种小事儿，成了小张和小王"战争"的导火索。比如挤牙膏之类的小事儿，小王喜欢从下挤到头，小张喜欢从上面、中间或者下面随意挤；洗手池台面弄到水了，洗完澡地面都是水渍，外出旅游是否做攻略，等等。彼此都认为自己是对的，很伤感情。

其实挤牙膏无论从上到下还是从下到上，洗完澡后的地面是马上擦干净还是晚点擦干净，外出旅游是做个详细的攻略还是到了当地再探索处处的惊喜，这些都不是什么大事，更不是不能解决的极端问题。虽然他们各自站的角度、行为特质不同，但他们的目标是一致的，那就是追求幸福。小王严谨、注重细节、追求完美；小张随性而为，怎么舒服怎么做，他们因不同彼此吸引，如今却因不同产生矛盾。

他们要重新理清楚共同的目标是什么？在共同目标的基础上，各自安装一道"防火墙"——"没有冲突，只有不同的观点"，每当发现双方不一致的时候，不要急于否定彼此，而是应看到各自的不同之处，学会换位思考，学会同理对方，接纳对方的不同，让彼此舒服。

"你"是自己人生的编剧，是喜是悲你来定

李超性格大大咧咧，非常有创意。他的职位是市场策划，策划过很多大型的活动并取得过非常骄人的成绩，为公司品牌知名度的提升做出了突出的贡献，专业度和能力也是毋庸置疑的。他的老板是个"细节控"，对待工作非常严谨，不管是标点符号还是构思的细节考量，他都有极高的要求。然而，李超却不喜欢这样的领导风格，因为他觉得老板这样的行为会导致决策延缓，而且认为这是老板对他不够信任。每当老板与李超进行细节沟通的时候，李超就感觉到无比的愤怒和不满，非常恼火，试图通过对抗的方式与老板周旋；每当老板向李超提出要进行行业业绩情况沟通的时候，李超就会认为老板在故意找碴儿，打算为难他，给他挑毛病，希望找到机会给他穿小鞋。然而，事情的结局是李超在这个老板手下很快升职加薪了。

这个故事中的老板其实是一个非常优秀的管理者，他洞察到李超的情绪反应，感受到李超的排斥和对抗，于是老板与李超开展了一次教练会谈。老板问李超："每当我让你修改推广文案的时候，你是什么感受？"李超回答："说真的，老板，我感觉到很不爽，我觉得应该把宝贵的时间用在更有价值的事情上，您总是

修改标点符号，这种吹毛求疵的行为让我感觉很抓狂，我认为这是故意挑剔，是对我不够信任的表现。"老板听后对李超说："哦？原来你是这么认为的，我觉得你是非常优秀的员工，综合能力非常强，但是我也清楚你不喜欢太抠细节，这些事情你都是交给下属去执行的，那么我就会想定期和你沟通，了解你在这些琐事上花费的时间和精力。这样我就可以帮助你解决这些后顾之忧，你就可以去进行市场推广活动，直接对接客户。你把不擅长的工作交给我，你带着团队执行擅长的任务，这样我们一定能在年底创造最佳绩效，整个部门就会拿到很多奖金，也不枉大家一年的辛苦。"听了老板的反馈，李超当时很惭愧，后来李超一改对老板固有的认知，打破自己长久以来的固化信念，带领团队成为全公司年度绩效最高的团队，他也因此升职加薪。

沟通时，不妨安装一道防火墙——"情绪是信念的投影"，学会读懂对方情绪背后的想法和认知。故事结局很完美，李超变得舒坦无比，内心很笃定，他积极配合老板，老板也带领出一个优秀的部门。

王蕙

AACTP LEADNOW! 国际认
证赋能领导力教练
突破式沟通授权讲师
DISC授权讲师项目A0毕业生

转念，让我变得轻松

在学习突破式沟通之前，我在工作和生活中遇到了很多沟通困境。突破式沟通的理论知识、现场体验、练习，都不同程度地影响和改变了我的心境和行为。它是一个让我从底层认知开始改变的课程，这也是我愿意把它推荐给家人、朋友的原因。

我性格温和，和人相处时很随和，不太喜欢与容易发火、情绪激动的人交往。在平时的沟通中，我一般很理性，很少会被情绪激动的人激起情绪。

以前我把这些理解为性格或习惯使然，随着对自我探索的了解，我很好奇易怒人群为什么会是易怒，他们的需求是什么？我为什么会被他们的情绪带动，我应该如何改变这种情况？

我们常说，在工作中对事不对人，可是却很难做到。一个人的品性会影响一个人的行为风格，有的人做事认真负责、不留隐患，让相处的人感觉很舒服；有的人会有各种问题。这种情况下，怎么才能做到对事不对人呢？

我情绪激动时，总是粗暴地告诉对方应该怎么做，后来我意识到这种做法不妥。首先，情绪激动并不能解决问题。其次，我不喜欢这种情绪状态下的自己。

以前我是一个 S 特质（Steadiness，稳健）很高的人，不喜欢冲突。对于不认可、不喜欢的观点，我大多数时候保持沉默，放弃沟通。

我根据自己的性情，做自以为理所应当的事情，忽略或完全没有感知到对方的情绪和感受，结果事情没有处理好，情绪也没有处理好。我该如何去改变呢？

幸好，我遇到了突破式沟通。

突破式沟通对我的影响超出了我的预期：安装沟通三道防火墙、识别三种沟通死角、利用五步沟通策略，让我如获至宝。

本来我想通过它提升沟通技巧，却没想到它会改变我的底层认知。这点对我至关重要，它让我体验到了心理学的重要性。改变某行为，可能只需一种技巧，改变认知，却可以改变一个人的行为模式。

三道防火墙：效果比道理更重要；没有冲突，只有不同观点；情绪是信念的投影，悄悄改变着我的认知和心境。

在"没有冲突，只有不同观点"的"换脑"对话环节，我闭上眼睛，重回冲突现场，回想当时发生了什么事情，回忆、感受自己当时说了什么、做了什么，有什么样的情绪、面部表情、身体语言，也同样回忆和感受对方的状态和情绪。然后换位，模仿对方的状态和情绪。我陷入了沉思，或许那一刻，我才真正从冲突中的愤怒走向平和或反思。我从未以这样的方式去感知对方的处境和情绪，它可能是难过、沮丧、无奈，而不是我之前看到的对抗。这种体验和感知是一把钥匙，打开了我感知他人情绪、增强同理心的大门。

有情绪时，告诉自己我接受这样的自己，也接受这样的别人。这个方法对我很有用，当我这样做的时候，我觉得情绪会好很多。情绪没有好坏，当情绪出现时，首先要觉察、感受它。李珂老师说情绪不是用来解决的，是用来调整的。

在学习"信念是情绪的投影"环节，李珂老师说一个宝宝，在3岁之前，没有自主生活的能力，父母理应照顾他；成年以后，每个人都是独立的个体，我们认为的别人应该怎么样，是我们对父母的依赖在他人身上的投影。只是这一句话，改变了我的心境，让我从认知上消除了我要求别人应该怎样的想法。课程结束后，一旦我生出"别人应该"的念头，我就提醒自己，没有应该。

　　李珂老师曾说："一次课讲不好，有什么关系呢？你的人生不会因此就崩塌了。"当我执着于自己的观点，想要说服别人时，我会提醒自己，非原则性问题，别人没按我的想法做，又有什么关系呢？我的人生不会因此就崩塌了。转念一想，立刻就轻松了。

　　突破式沟通是让我终身受益的一门课程，在不断实践中，我体会到了自我觉察、心境变化、认知改变的力量。

识别三个沟通死角

在日常沟通中，我们更关注信息，往往忽略了沟通中的情绪，忽略了情绪的影响。情绪背后的信念，以及在沟通场景中的身份，总是不自觉地成为对方的"父母"或"孩子"。

情绪产生的原因是我们对某件事了解得不够全面，加上受情绪影响，我们做了不恰当的事，说了不合适的话，产生了不好的结果。对于沟通来说，情绪的确会带来很大的麻烦，但如果换一种视角来看，情绪也刺激我们去了解那些没了解到的背景、动机等。

处理情绪是一件需要用一辈子去修炼的事情。如果我们能以学习、练习的心态来处理沟通中的情绪，管好情绪，就能为沟通创造"安全氛围"。

也许你的信念对世界并不重要，但是对你自己很重要。面对困难沟通，光有沟通技巧和话术，在复杂场景下依然很难自如地运用。突破式沟通帮我们有效识别困难沟通背后的情绪、信念和身份，让自己内心构筑起坚固的防火墙。

改变了信念，你就改变了感受；改变了感受，也就改变了行动，甚至改变了命运。

戴增阳

营销管理+心灵治愈导师
突破式沟通授权讲师
DISC国际双证班F20毕业生

用突破式沟通化解矛盾

在沟通中，你是否曾有过以下感受：完全不在一个频道、特别生气以致心跳加速、恨不得摔门而去……

在如此高频的沟通下，究竟我们要怎么"说话"才能有效沟通，快速达成共识，从而正向发展人际关系？

要知道答案，就必须先弄清楚这其中发生了什么。

银行业务大厅午后来了一位大爷，没有戴口罩就径直走进了厅堂。大堂经理发现后，立刻走上前去："这位大爷，请您戴好口罩。"

"我就不戴，我嫌闷。"

"您要是不戴口罩就不能进来，我们有防疫规定！"

"我又没有病毒，戴什么口罩！"

"可这是规定，公共场合必须戴口罩。"

接下来，大爷就在厅堂大闹起来。大堂经理也大哭起来，哭了好久，饭也不吃，水也不喝，也没法继续工作了。

这件事在大堂经理的心里，留下了很深的创伤。

我们就刚才真实的事例，来分析对话是如何开展的？

在情绪上，大爷由平静升级为生气，以至于愤怒；大堂经理由平静升级为难过，以至于委屈或伤心。从情绪演变开去，大爷今后再也不想去这个网点办业务，而大堂经理觉得这份工作好难、压力很大。在公共场合戴口罩是防疫政策，各地各部门都要遵守，其出发点是为了大家好，它本身不会带来情绪。那是什么导致冲突？没错，是双方对"戴口罩"这件事的认知不同，出现了情绪分化，再由情绪引发不同的言行，而言行引发了冲突。

在信念上，大堂经理在执行规定，履职没有错；大爷认为自己健康且戴口罩太闷，也是属于他自己的认知。那么，持不同的观点，两人却都"没错"，又为什么产生冲突呢？这是由不同的认知即两个人不同的信念所导致的。

在沟通中产生分歧、出现死角，是由两个人的情绪和信念导致的。那么，如果我们从情绪和信念的角度，以同理心理解对方的"想法"，在正面的情绪（如平静、平和、喜悦）下达成一致信念，凡事不就更容易解决了吗？是的，这就是突破式沟通的

"识别三个沟通死角"。除了情绪和信念，身份也是其中一个"死角"，这里就不赘述了。

我之所以着重阐述情绪和信念，是因为它们貌似一对"双胞胎"。信念令人产生情绪，信念不同，则情绪不同。举例，当你看到一个上身穿红衣服、下身穿绿裤子的人迎面走来时，你会有什么反应？俗语云"红配绿，丑得哭"，意指这两种颜色是不能搭配在一起的，否则很难看。所以，大多数人见到这个画面，都会一边摇头，一边心里想：这人有病吧！

这里的信念是"红色不应该或不能搭配绿色，否则就不好看"，于是产生反感的情绪。可是仔细想想，难道红配绿真的很丑吗？难道全世界每个人都支持"红配绿不好看"这一观点？这只是某个人或某一群人的信念罢了。如果信念僵化世界就不会发展了，牛仔裤也并不会因为故意磨几个破洞而变得畅销，特别招年轻人喜欢了。

小伙子、小姑娘买了破洞牛仔裤穿回家，心里自然是很开心的，也许遇见的父母长辈却这样说："怎么买破裤子？这怎么穿啊？丑死了！"

一盆冷水泼来，年轻人闷闷不乐，甚至不吃晚饭，感到自己与父母长辈格格不入。

信念就是这样与情绪交织，影响着我们的认知、判断和生活。

我们要怎么做，或者改变些什么，才能从情绪和信念的角度改善沟通效果，从而令自己更幸福呢？

首先，准确识别情绪并接纳它——无论是自己的情绪还是对方的情绪，都完全地感受并接纳。其次，用心聆听对方的感受和事实，捕捉关键词，保持同理心。最后，在和对方交流的过程中，找准时机把对方从消极的情绪和偏执的认知中"带"出来，与对方在平静、理性的状态下创建解决方案。

我们在大堂经理的大脑中"植入"突破式沟通方法，再回到银行业务大厅，看看会有什么不同。

大堂经理："这位大爷，请您戴好口罩。"（注意说话的语气、语调和张力）

"我就不戴，我嫌闷。"

"哦，是啊，戴上口罩确实是挺闷的，难怪您不愿意戴。"

"所以我不戴啊！再说了，我又没有病毒，戴啥口罩。"

"看来您防疫工作做得好，而且身体也好，我听得出来，您中气特别足！"

"是啊，我每天都锻炼的。"

"是嘛?！那真的挺好的，能坚持锻炼确实不容易，您能坚持，这是值得我们学习的！"

场面被大堂经理控制住了。

大堂经理又迅速说道："大爷，您看，我们都是以您为榜样的，您过来办业务，其他客户和我们网点的同事们都看着您呢。您要是不戴口罩，业务也能办，但其他客户可能会有意见或投诉我们没有执行卫健委的规定，我们的网点主任会因此被罚款或下岗，如果因为这个导致我们不能正常工作，我们也就没法给您提供优质服务了。"

"……"大爷没说话，但也没发火。

"我知道您身体倍儿棒，非常关注健康，所以特别想请您戴好口罩，既保护自己的健康，也保护他人的健康。会有一点儿闷，但业务我们会很快给您办妥的，您看好不好？您今儿是来柜台取钱的吧？"

"是啊，养老金发了，这不过来取嘛！"

"好的，那您把口罩戴好，我给您取个号，我请同事尽快帮您办理。"

"好吧……"

大堂经理成功进行突破式沟通，让结果变得正向、积极、可控。

举一反三，你也可以从这个真实案例中总结、提炼，感悟突破式沟通是如何在情绪和信念上做文章的。

刘燕

30年财控领域尖兵
突破式沟通授权讲师
DISC授权讲师项目A19毕业生

亲子教育需要突破式沟通

在沟通时，我们经常会进入一个误区：一旦沟通不顺畅，就把对方当敌人。其实真正的敌人是"错误的沟通模式"。人与人之间的沟通，由于涉及的因素太多，只要一方面没有做好，就可能导致沟通失败。

我们每个人考虑问题的角度是不一样的，都会有自己的立足点。新冠肺炎疫情期间，孩子们大多数时间在家上网课，家长与孩子可能会产生许多冲突。我家就是这样。

2020年，孩子上高二，本是开学就要进入到紧张的备考阶段的孩子只能在家上网课。教学模式的改变、学习环境的不同，一下子让家长与孩子都手足无措，5月恢复开学后，学校就组织月考，当成绩出来时，490 分！老师在班会上批评了孩子："这个成绩你就做好参加春季高考的准备吧！"还请我和丈夫去班主任办公室面谈。老师说："成绩这么差，这几个月是不是在家玩游戏了，你们作为家长也不盯紧些？"

"是啊是啊，这几个月都做什么去了？"丈夫对着旁边默不作声、低着头的孩子吼道。

"这种成绩，我看呀，家长做好思想准备，考上大专就已是幸事！"老师用很肯定的语气说道。

"这成绩怎么这么差呢，我们家的脸全给你丢光了！"丈夫生气地指着孩子说。

"你们先领回家吧，家长也要关心点，不要认为孩子交给了学校自己就万事大吉了。"

"是的是的，我们家长回去一定死盯严防。"

……

听完老师的一顿数落之后，我一声未吭，只是轻轻地拍拍孩子的肩膀，陪着孩子走出校门。在回家的路上，一家三口都没再说一句话。其实真实的情况是这次月考的试卷偏难，班上超过530 分的一共也只有 6 个人，并且上网课期间的各种调整，令孩子很焦虑。老师的这种武断的批评教育就是习惯式地以自我判断为准，丝毫没有站在学生的角度考虑问题。教育严格是对的，但也要讲究方式方法。只有站在孩子的立场去考虑问题，才能更好地理解孩子的想法和需求，这样才能让教育的效率更高。

在我们身边，有很多这样的老师，他们在与学生沟通的时候，总是很武断地下结论，只看成绩，喜欢主观臆断，有时候即使知道自己的结论与事实是背道而驰的，但就是忍不住要提前下结论。这样就容易导致孩子对学习心灰意冷。

那天校访谈话后，丈夫与青春期的孩子之间，有这样一段对话。

丈夫："你就是跟那个女孩子早恋，所以成绩退步那么多!"

孩子："什么早恋，她……"

丈夫："你还不承认! 如果没这事，你这次月考成绩会退步那么多?!"

孩子："就退了3名，而且……"

丈夫："3名还不多啊?! 你到现在还狡辩?! 还没意识到自己的问题?!"

……

丈夫认为自己足够了解孩子，不需要听孩子把话讲完，就知道结果，但他其实不知道那个女孩子早就转学了，而且最近一次测验孩子进步了很多。

与其说丈夫的"自以为是"是出于对孩子的了解，不如说是出于自己内心的担忧、焦虑。

他担心孩子成绩退步，过于焦虑，深信自己的主观臆断。孩子自然不服气，于是亲子隔阂越来越深。因此，当父母认为自己百分之百了解孩子，并为孩子做"适合"他们的安排时，请警惕"自以为是"。

在不少家庭中，父母都缺乏倾听孩子说话的习惯，他们常常不等孩子把话说完，就主观臆断，仅凭自己的猜想就给孩子下结论、贴标签。有的父母，对孩子说的话、问的问题不在意、不重视，常常选择忽视。还有的家长，孩子话说到一半，就自以为能猜到孩子的意思，觉得没必要听下去。

父母希望孩子听话，但父母经常听不到孩子的话；父母希望孩子懂事，但父母时常不懂孩子的心。在这种家庭里长大的孩子，容易自我怀疑和否定自己，甚至自卑，认为自己不好、不值得被爱。他们为人父母后，还会在无意识中，将这种缺失传递给自己的孩子。

每个孩子，不管年龄大小，都渴望父母关注他们的点点滴滴。在孩子每个请求和每种情绪的背后，都有原因。身为父母，最好的修养就是听孩子把话说完，倾听他们的心声，呵护他们的感受。很多父母教育孩子时有一种本能：不听孩子说的是什么，只顾着自己不断地说教、提要求，或是急忙反驳、制止孩子。

这些打断、忽视、反驳，本质上是一种情感拒绝。总是被拒绝的孩子，会渐渐丧失对父母的信任，不会轻易对父母袒露心事，排斥和父母沟通，甚至产生反抗心理。

无论是师生关系还是亲子关系，很多时候我们只是在生对方的气，但这种情绪不是别人强加的，而是我们自己形成的感受，这种感受进而影响了我们的行为。这就是著名的 ABC 理论，A 代表了事实的真相，B 代表了情绪，而 C 是行为。该理论认为是 B 引起了 C，而不是 A 引起 C，所以需要通过改变情绪来改变行为。

我们再切换到孩子月考成绩下滑，老师约谈家长的情景。

面对老师的武断结论，丈夫可以先回应老师对孩子成绩下滑的担忧："嗯，成绩下滑从侧面反映出孩子近期的学习情况，我们会和孩子一起分析这次月考中有所欠缺以及需要提升的地方，谢谢老师对孩子成绩的关心。"

在回到家中与孩子沟通时，丈夫可以这样说："你看，这次的月考，你的成绩是 490 分，这比你之前的成绩有一定的下滑，我们一起来分析是什么原因导致的。如果这其中有我跟妈妈做得不够好的地方，希望你能指出来，我们一起来改正。"鼓励孩子说出自己的想法。

施艳丽

演讲培训专家
突破式沟通授权讲师
DISC国际双证班F11毕业生

识别沟通的死角——与青春期的孩子有效沟通

在这世界上，你最难沟通的人是谁？难缠的客户？计较的同事？挑剔的领导？还是亲人？是不是被答案吓到？仔细想想，又有点扎心？是的，最难沟通的往往是我们最亲近的那些人。

夫妻、父子、母女，这些世上最亲密的关系中，往往也充斥着大量的"狠话"，而如果要统计父母与孩子最难沟通的时段，父母与青春期孩子的沟通一定是最难的。此刻的我，正在经历女儿的叛逆期。

我的女儿曾经是所有人眼中乖巧、懂事的"小棉袄"，改变发生在她升入初二的那个秋天，她偷偷破解了限制了使用时间的手机密码，每天晚上偷偷玩手机玩到深夜。手机被没收后没多久，她又悄悄用零用钱买了一个新手机，等我们睡了，悄悄躲在被子里面玩。后果可想而知，成绩下降，被老师批评，而她又是个性格极为敏感的孩子，老师和家长的一再劝诫，毫不起作用。更严重的是，每天放学我接到她的时候，都感到她周身散发着一种生无可恋的状态，眼睛里再也看不到光芒。作为一个资深培训师，平时我的工作就是影响人，但是在自己女儿身上，我充分地感受到了"医者不自医"的无助与无奈。

当我开始向网络求助的时候，才发现原来我不是个例，从多家心理咨询机构了解到，在他们接待的青少年咨询案例中，14 岁的孩子逆反心理最突出。一些孩子不再接受家长的批评，开始反驳、顶撞，越是家长、老师不让做的事，他们越要"对着干"。这就是常说的"可怕的 14 岁现象"。放任不管吧，可能他们的前途会受影响，家长、老师怕等他们过了这个可怕的时期会后悔莫及；管吧，他们的大脑正不受控制地反对任何建议，甚至容易走向极端，造成无法挽回的极端后果。两条路都走不通，我似乎走进了真正的死角。

既然是死角，那如果我们应用突破式沟通的"识别三个沟通死角"，增加三种选择，能不能应对和处理这种状况呢？

首先，第一个沟通死角——情绪。她最早出现状况是在初一升初二的暑假。有一天，她在房间悄悄地哭，我以为是哪里受伤了，询问之后，她说："我就是觉得很难过，觉得自己一个暑假都在学习，但是就是这么努力了，我以后可能还是考不上好的高中，然后就没机会上好的大学，再之后也找不到好的工作，我就觉得没有希望了，于是就好想哭。"当听到她的这番话的时候，说实话，我的内心是有点不以为意的，觉得这就是小女生的矫情，于是就草草地说："现在担心这些有点早了吧？如果你真的努力了，那么结果就已经不重要了。"但是当我再次认真解读她的那番话所包含的情绪后，我发现这里面有悲伤、失望、无助等多种情绪。如果时光可以倒流，当时的我应该首先抱住哭泣的她，告诉她："妈妈感受到了你现在很难受，你这么不开心，妈妈也很难受。可是我想告诉你，无论何时，妈妈都会做你坚强的后盾，你需要什么样的支持尽管和妈妈说。"

其次，第二个沟通死角——信念。这里的信念是指局限性信念，那在这件事情中，我们有哪些局限性信念呢？我思考之后想出三个：只有全科成绩好的学生才是好学生；只有考上名牌大学的孩子才有美好的前途；成绩不好就是还不够努力。

其实事实是不是真的如此呢？回想一下，很多数学天才他们在上学时的语文成绩和工作后的沟通表达呈现出明显的缺陷，但是因为理科科目拉分比较明显，所以我们会觉得理科成绩比较重要，但世界是多样的，理科成绩好的孩子让世界发展得更快，文科或艺术素养高的孩子让我们的生活变得更美好，各自都在为这个世界做出贡献，只有分工不同没有高低贵贱。有很多人早早地离开学校，可是他们将自己的天赋借助后天的努力发挥到了极致，现在也打拼出一片美好的事业前景。并不是只有考上名牌大学才能拥有美好的人生。

孩子成绩不好时，大多数父母都会第一时间觉得是孩子还不够努力，可是如果有一天，我女儿提出要我在五十岁前赚到一亿元的话，我如果回答"妈妈做不到"！是不是也是因为我不够努力呢？

如果我能早点突破局限信念的话，我就会这样回应她："其实当年妈妈读初中的时候理科成绩也不好，但是这个世界需要不同的人才，每个人都有自己的天赋所在，虽然你理科成绩一般，但是你有着极强的审美天赋，我都不敢想象，当年如果毕加索的妈妈一定要他'死磕'奥数的话，这个世界会失去怎样一个绘画天才。我从来不觉得数学成绩不好，就没有未来了，我也希望你和我一起相信自己！"

最后，第三个沟通死角——身份。虽然我们和自己最亲的人在外界的公开身份是夫妻、父母、子女，但实际上，真实场景下我们扮演的可能是裁判、法官、投资者……

当我对老公说："你看看别人的老公，赚的钱多，又有地位，你能不能努努力？"这时候，我的身份不是妻子，而是裁判。

当我对孩子说："你现在不好好读书，未来怎么办？你难道要一辈子靠我吗？"这时候，我可能是以投资者的身份在评估孩子的价值。身份错位，沟通自然也就进入了死角。

我应该成为一个真正的母亲，和孩子一起度过这个难挨的 14 岁。分享四个建议：

无条件地接纳孩子、理解孩子。

要相信孩子不是故意和家长"对着干"，这是成长期的家庭教育或生理原因等综合因素导致的，甚至很多时候孩子是不自觉和不可控的。要接纳和理解孩子，叛逆期只是一个人成长过程中短暂的一个时期，它很快就会过去，帮助孩子尽快度过叛逆期。

家长要认知自我、改变自我。

家长要学会认识、理解情绪，并试着把控好自己的情绪状态，先处理心情，再处理事情，好心情是沟通教育的基础。

陪伴是最好的爱，要学会闭嘴。

这个时期的孩子，还有一个心理特点，就是他们经常处在混乱和矛盾的心理状态之中。他们觉得自己长大了，想像成年人一样处理问题和解决问题，但是他们因为缺乏相关的经验，所以很多时候他们是失败的，这种失败让孩子非常痛苦。

如果家长此刻能带着无条件的接纳和爱陪伴孩子，不做过多的主观判断与评价，孩子自然会感受到家庭的温暖。温暖多了，叛逆也就少了。

给孩子、也给自己一点空间。

家长关爱孩子，但不能成为孩子的保姆，一切围着孩子转，让孩子产生依赖性。

　　家长应该主动地给予孩子空间，让孩子学会独立，让他们体验自己的选择所带来的后果，并学会承受各种结果。这样自己也有了空间，距离才可能产生美。

田佳欣

教学设计师
突破式沟通授权讲师
DISC国际双证班F59毕业生

身份认知对沟通方式的影响

在职场中，我们会遇到一些让人很头疼的沟通对象，比如缺乏职业感的职场新人、认真当排头兵的基层管理者、在跨部门沟通时僭越行事的同事等。当上级或者同事指出他们的不妥时，对方还总是振振有词，仿佛所有人都不能正确地理解他们的所思所想，没有站在他们的角度考虑问题。但他们可能还没有从前一个身份转变过来，而过去的身份所带来的局限性信念会影响我们与他们的沟通。

在职场中，有三个非常重要的身份转变点，它们分别是：从校园人向职场人的角色转变、随着管理层级变化而产生的身份转变、多部门工作协同过程中的定位转变。接下来，我们一起来看

157

看在这三个转变点中身份会如何影响人们的沟通方式。

从校园人向职场人的角色转变

校招新人作为企业青睐的职场力量，被给予很多期待与关注。在大量地投入培养资源后，用人单位发现这些优秀的校招新人似乎或多或少地表现出了水土不服：在沟通中会表现出沟通不主动，尤其是接到工作后没有反馈过程和结果；表达不清晰，无法快速地说出重点，表述内容逻辑混乱，没有以结果导向。其根本原因在于校招的新人还停留在学校内的学生身份，认为职场的沟通应该和学校的差不多，老师有事情会主动找我、老师有问题我可以给出答案、老师在学习的过程和结果之间更认可过程的付出。这个需要校招新人的主管或者导师给予他们帮助，但是角色的转变确实是容易被主管或导师忽略的地方。除了寄希望于校招的主管或导师，我们在遇到校招新人因角色未及时转变而出现沟通问题时，可以使用以下方法：第一，理解新人还有很多不清楚、不明白的地方，鉴于校招新人在职场中和他人沟通的内容或者事项都较为基础，不要过于苛刻地要求他们；第二，在沟通中，可以通过明确沟通时间、提前核对沟通主要内容等方式，正确引导他们，提升沟通的效率。

因管理层级变化而产生的身份转变

拉姆·查兰在《领导梯队》中把个体从管理自我到管理他人

划分为六个阶段，并提出领导者的每一次晋升都是在"领导技能、时间管理和工作理念"上实现转型，其中，工作理念就包括了身份认知的部分。以基层管理者为例，基层管理者的前一个身份是个人贡献者，组织对他的期待是通过个人的能力和努力，达成业绩。而有一部分基层管理者是从一线被提拔上来的，长时间个人贡献者的身份会让这类人依然倾向于通过个人实力去达成成果，把自己当成排头兵，而忽视了作为管理者应该通过团队获得成果，应该在任务分配、人员辅导、人员激励等事务上加大精力投入。所以，当我们遇到一个管理者总是打头阵，沟通主要内容还停留在事情的操作或细节层面，那么他大概率还没能顺利地完成身份的转变。如果上级希望帮助出现这类问题的管理者，可以试着帮助他理清重点工作内容或范围、界定工作任务，试着在沟通中多让对方从团队的视角去谈论工作目标达成的情况，进而帮助他在新身份下调整思考方向。

多部门工作协同过程中的定位转变

在多部门的工作协同中，跨部门的沟通常常是令人头疼的事情，有的时候，沟通的双方会觉得彼此不近人情、态度敷衍；有的时候，沟通的双方会因分歧而吵得不可开交，更有甚者会因为沟通而导致合作破裂。那么，为什么跨部门沟通这么难？卡点在哪里？身份的认知可能是一个因素，一方在和另一方沟通时，往往以要求者自居，希望对方理解自己的难处、配合自己的需求，而另一方可能只是协同者或者支持者，他们也有自己的工作规范与要求。这就要求沟通的双方要以对方的视角看待协同。在这里分享一个方法：当在跨部门沟通遇到困难的时候，先理解双方分歧的地方，找到双方的共同目标，再进一步讨论如何配合与协作，提升协同效率。

王颖

个人成长教练
突破式沟通授权讲师
DISC国际双证班F3毕业生

识别沟通的死角

"情感互动"是人际沟通的隐性目的

人是社会性动物，大脑的发育、心智的成熟都离不开与外界人、事、物的交流、互动。人际沟通是人类最本能的需求之一，无处不在，而沟通最底层的功能并不是为了达成目标、办成事，而是为了情感的交流与表达。沟通是改善生命体验品质的一种途径，我们通过沟通来传情达意。

熟人见面打招呼："吃了吗，最近忙不忙？"目的并不在于真的听对方说最近忙了些什么，而是在表达"我看到你了，我在关心你，我是懂你的人，我们关系还不错"。

人离不开沟通，情绪、情感的流动则是沟通的隐性目的，能主导并影响沟通的方向和效果。

即使我们赋予沟通显性的目标与主题，情感的交流与共鸣依旧是沟通的深层次需求，并在潜移默化中影响沟通的效果，甚至有些时候，沟通就是为了内心情感的宣泄与表达。

女生："你们这面包怎么回事，里面有头发！"

（如果店员直接退款，看似解决了问题，实则忽视了女生想要发泄出来的情绪。）

店员："你的发票呢？"

女生："没给我发票啊！"

店员："没有发票不能退款！"

女生："包装上印着你们店的名称啊！"

店员："我怎么知道面包是不是你自己买的呢？"

女生（逐渐生气）："我要投诉你们店，我要写两万字的差评，我要让所有人都知道你们店的面包里有头发，我要让你们倒闭！"

店员："实在抱歉，我还是给您退款吧！这是您的退款，下次给您免单！"

女生（露出满意的笑容）："谢谢！这才叫售后服务。"

你看，情绪宣泄才是这个女生的重点。

情绪直接影响沟通效果，是沟通陷入困境的原因之一

先解决情绪，再解决事情。

当我们的情绪被别人看到、被别人接受，情绪价值被满足时，大脑才能聚焦问题、解决问题，沟通才会产生好效果。

当情感被否定或拒绝时，就会以冲突的形式体现在沟通中……

投诉医生"冷漠、态度差"的病人，希望焦虑、担忧的情绪被看见，希望医生能够感同身受，能关注自己的痛苦，能多一点耐心和温暖；投诉"服务差"的顾客，感觉被忽略，希望被重视；吵架的伴侣，希望沮丧、失落的情绪被看见，感觉自己不"被爱"，希望被包容、被偏爱……

在生活中，你是否也遇到过类似的情境？

"你说得都对，但我就是心里不舒服……"

"你的方案很完善，但我就是不想用……"

"客户给我的报价确实很低了，但我还是不想跟他们合作……"

为什么呢？

只讲事情（道理），忽略了对方的情绪感受，不被接纳和重视的情绪能量就会转化为隐藏在各种理由下的对抗，让沟通陷入困境。——感觉不对，努力白费。

学会识别情绪是突破困难沟通的必备技能。知道自己或对方有什么情绪时，我们也就知道如何去应对。领导现在有点烦躁，汇报工作时，就要格外小心，先说点领导爱听的内容，分散他的注意力，过渡一下再聊工作就会顺利些；如果领导现在很暴躁，还要去汇报工作吗？此刻最聪明的做法是"有多远躲多远"，等领导心情转好后再来。因为暴躁的情绪能量远大于烦躁，所以，如果没有专业的技巧和非做不可的事情，最好不要考验领导的情绪管理能力和自己的耐挫、抗压能力，不然受伤的会是自己。

成功的沟通，通常都会伴随正面的感觉和情绪；失败的沟通则常出现负面的感觉和情绪。因此，有效的沟通离不开情绪的识别和运用。

关注自己和对方的情绪感受，用最恰当、有效的方式进行沟通，令无处不在的沟通成为我们感情的黏合剂、事业的促进剂、关系的催化剂，让每一次沟通都能成为体验愉悦、感受幸福、提升生命品质的美好时刻。

杨秋华

国家二级心理咨询师
突破式沟通授权讲师
DISC国际双证班F11毕业生

识别沟通死角，成为情商高手

《人类简史》一书提出："人类和动物之间最大的区别是人类拥有独特的思维能力和文化传承能力，可以创造出复杂的思想和价值体系，并通过这些能力不断推动社会和文明的进步。"社会和文明的进步最重要的载体便是人类复杂的语言和文化体系，它们使得人类能够更好地协作和交流。如果没有识别沟通死角，并采取相应的沟通策略，就会阻碍人与人的思维碰撞和交流，甚至阻碍社会的进步。

拼尽全力的父母，换来的是孩子的无情冷漠；青春期的孩子，身上的"刺"刺痛着父母的心；对立的部门，因无法协同而产生大量的内耗；面对情绪化的同事，无法如期开展工作……如何突破障碍去高效地沟通呢？突破式沟通非常清晰地帮我们梳理出沟通的三大死角：情绪、信念和身份。

情绪是人类生理和心理状态的表现，能够影响个人的思考、表达和行为。如果沟通者处于情绪不稳定或过于激动的状态，其言语的选择和表达方式就会受影响，进而产生误解和冲突。因此，厘清情绪是有效沟通的前提之一，通过认知和控制自己的情绪，可以更好地理解和表达自己，也有助于理解他人的情绪。夫妻因为孩子而争吵的场景在多数家庭中都会发生，甚至导致夫妻感情破裂。

"五一"期间，孩子很关键的一本复习书落在学校，而学校不允许假期进学校拿书。这也是爸爸预料之中的事情，于是爸爸费尽心思地教孩子，如何跟保安叔叔有礼貌、有策略地沟通。结果，孩子并没有运用爸爸教的那一套方法，吃了闭门羹。爸爸一生气，恐吓性地伸手，结果孩子一躲，不小心额头撞向了道闸的尖角处，伤口止不住地流血。作为不在现场的妈妈，得知"孩子被爸爸打破额头要缝针"的消息，自然心疼不已，又气愤于爸爸对孩子动手、让孩子受伤害。在陪孩子去医院缝针的路上，妈妈破口大骂："以后你再敢对我儿子动手，就给我滚出去！遇上你这种会对孩子下手的爸爸，我们在这个家都没有安全感……"爸爸自然也不甘心被骂，于是一场家庭大战就此上演……最终孩子缝完针后说："这件事不能怪爸爸，我跟爸爸和好了。"

　　认真梳理事件后，我发现，爸爸的情绪经历了愤怒—恐惧—懊悔—愤怒；妈妈的情绪经历了心疼—愤怒；孩子的情绪却一直处于恐惧中，恐惧于流血的疼痛、恐惧于上手术台缝针、恐惧于父母的争吵……原本妈妈只需要对孩子说："没事，有爸爸妈妈陪着你，你是最勇敢的宝贝！当然，你跟保安叔叔的沟通也是要讲究方法的，多试试不同的方法，总有一种会成功。"如果妈妈能识别爸爸的恐惧和懊悔情绪，作为妻子，只需要对他说："没事，孩子在成长中难免会受伤，更何况是男孩子，以后孩子没听你的意见，你也不必着急，说明孩子有自己的想法，即使失败了，他也能知道这是行不通的，多一种尝试也好。"识别情绪后的沟通，会让家庭关系变得更好。

　　信念是指个体对某些事物或现象的认知和理解，是人类思维和价值观念的重要组成部分。当双方的信念存在差异时，可能会导致理解偏差和沟通障碍。厘清信念意味着了解和尊重他人的信仰，它可以减少沟通误解和冲突，以帮助沟通者建立信任和共识。以偏概全、思维单一、主观臆断、只看负面，是局限性信念。

　　企业中，市场与研发是公认的冲突最大的两个部门，甚至有些企业的两大部门互相之间已经到了没办法沟通的程度。市场端的员工，有一种信念——研发是"老顽固，总是闭门造车，不接纳市场的需求"，经常抱怨产品竞争力不够，导致丢失了很多的商机和客户；研发端的员工，有一种信念——市场是"大骗子、大忽悠"，总是承诺客户不切实际的需求，给研发"挖坑"，市场提出的需求，研发觉得不可信，必须经过反复验证。

当研发人员深入市场一线调研后，会发现市场部给出的信息不是忽悠，市场部夸大地表达，只是为了让研发部重视该需求；市场部为了向客户展现公司的研发实力，向客户承诺竞争对手可以做到的，我们也可以做到。市场人员深入了解研发后，理解研发流程，也能理解研发对市场需求不是不采纳，而是需要综合考虑成本、质量和周期等因素。其实不难发现，市场部和研发部的目标是一致的，都是为公司的收益和市场占有率不断提升而努力。发掘内在的深层价值，打破限制性信念，可以寻找到更多可能性。

身份是在某种情境下承担的特定角色和职责，如总裁、研发产品线总经理、区域总经理、城市总经理等等，了解自己和他人在某一角色中的职责和期望，有利于清晰定位、在工作中高效协同、减少不必要的内耗。

"你凭什么安排我团队成员的工作"，"你根本就不懂业务，还对我指手画脚"，"你也是打工的，别老拿老板来压我"，"我妈都没管我，用得着你费那么多心啊"，"你又不是老师，凭什么让我写这个作业"，"你以为你是谁啊，管那么多"……产生这些沟通冲突的原因是沟通双方对身份的定位不一致。

而在企业中，身份的定位非常关键，可以大大提升工作效率和部门的协同效率。我是负责企业培训工作的，具有 10 余年的培训经历，不论是管理能力赋能、业务场景赋能，还是专业能力赋能，都离不开岗位的身份认知赋能。从应届毕业生到职场新人，我们需要进行身份转变的赋能，从专业岗位走向管理岗位，需要开展基层管理者身份认知赋能，除了通用的身份认知赋能外，我们认为更重要的是关键岗位的身份认知。从一个关键管理岗位走向另一个关键管理岗位，比如城市总经理升为区域总经理，需要进行区域总经理身份认知赋能……企业的关键岗位通常是一个企业在其核心业务方面最重要的职位，这些关键岗位涉及企业的核心竞争力和经营成果，因此，对这些关键岗位的身份认知赋能对于企业的长期成功是非常必要的。

在锁定了关键岗位后，就要梳理该岗位的身份模型，围绕身份模型探讨出该模型要具备的核心业务活动，同时总结出核心业务活动所需要具备的关键能力和知识。围绕以上内容，开展配套的系列课程，形成该岗位的身份认知赋能项目。员工对自己所处的岗位身份以及该身份所承担的职责、任务、权限等方面有清晰的认知和了解，可以更好地融入组织文化和工作流程，提高工作效率和质量，从而为组织创造更大的价值。

有效识别困难沟通背后的情绪、信念和身份，助力你找到沟通困难时的多种解决方案，让你的人际关系更和谐，成为人人羡慕的情商高手。

张海蓉

帆书认证翻转讲师
突破式沟通授权讲师
DISC授权讲师项目A6毕业生

识别沟通死角之情绪

情绪的爆发

五一国际劳动节那天，医院的门诊正常开诊，我像往常一样准时上班。刚走到办公室门口，就听到一对中年夫妇大声叫嚷，已经吵得不可开交了。我抬头一看，保安、特保、警察都在，就知道情况有些棘手。

距离正式接诊还有三十分钟，看到办公室有人上班，患者都跟了进来。中年妇女首先发话："我要投诉！"我说："好的，请讲。"

"我今天六点钟就来排队做胃肠镜检查，结果在我们后面来的人已经进入肠镜室做准备了，导医台的护士只说让我等，等到现在了，都没人搭理我，是看我好欺负吗？"

"上班那么忙，能有一天时间到医院看病，多不容易啊！"

"我做完胃肠镜，还要看骨科和牙科，这样没完没了地等下去，其他病还看不看了？"

"说到看病就火冒三丈，一颗牙齿，反反复复来了几次了，是想多赚点挂号费吗？"

"挂号还特别难，你们多派点医生看病、多放点号出来为人民服务，不行吗？你们还是人民的医院吗？"

一旁的家属也附和着说："赶紧解决今天的问题，到底什么时候给我们做胃肠镜检查？"

听到机关枪扫射一样的连环问，我说了一句："让我了解一下。"家属紧跟着就说："有什么好了解的，这不是明摆着的嘛？"

这时，特保对我说："他们想打护士被拦下了，然后就报警叫来了警察。"

听到这句话，我顿了一下，这是常见的投诉，但是上升到打人和主动报警的不多。

情绪爆发的诱因

一般常见的投诉都是在排队先后次序上出了问题，队伍越长越容易出乱子。

大致了解了情况后，我说："您好！我非常理解，您现在很着急，谁碰到都会焦虑。今天凌晨起床做胃肠镜准备已经很辛苦了，现在身体又这么不舒服，一时做不上，肯定特别难受。"

"我们做胃肠镜的每一位患者都是预约的，是根据预约的先后时间顺序依次检查，不是来得早就做得早。"

"我让护士看看前面还有几个人，您平复一下情绪，便于医生检查时，结果更准确。"耐心地解释了许久，患者同意继续排队等候。

在患者做胃肠镜检查的时候，我向家属了解了事情的原委。事情是这样的：

患者牙疼，在家附近的诊所看了两次没解决问题，来到我院直接挂了专家号，因为牙科的特殊性，得就诊三四次才行，牙齿是治疗好了，却耗费了小半年时间，这小半年，患者的情绪一直不佳，这是火苗之一。

因为长期写文案、做培训，患者的颈椎一直疼。来院就诊，导医台的护士看病人 40 岁上下，便推荐了风湿免疫科，患者在门诊大厅一通吵，说为什么不推荐骨科。但是在两个科都就诊完毕以后，也没有得到什么说法，专家只是让患者注意健康的生活方式和把体重减下来。患者认为挂了两个科室的专家号，听到的只有这么两句话，这根本不需要专家告知呀！这是火苗之二。

患者在做完 CT 检查后，是可以直接到就诊的专家医师那里了解病情、听诊治方案的。因为放射科的影像资料是直接传输到专家医师电脑里的，无须等待。患者在放射科检查完后，就匆匆忙忙回去了，早已忘记了医生对她说的再次回到诊室的话。等到CT报告出了再来院就诊时，听到的建议不是自己想要的结果，还多请了一天假看病，让患者火冒三丈。这是火苗之三。

昨天就诊消化科，强烈要求医师加号，今天一定要做胃肠镜检查。一个原因是今天节假日休息不用请假，另一个原因是身体哪里都不舒服。这是火苗之四。

听家属讲了这么多，我一下子明白了患者情绪激动的缘由。接着再深入了解到：昨天医生同意加号做检查之外，的确说过让患者早点来院，结果患者早晨六点就来了，以为来了就能做胃肠镜检查。我向家属解释说："医师同意加号做检查是最快的，省去了预约等待时间，但不代表今天第一个做，加号是在完成所有预约患者的检查之后再做。医生之所以让您早点来，是想着如果有预约患者由于个人原因临时不来了，那么当天检查结束的时间会提前，这样就会提前安排您做检查。"家属恍然大悟，连说："误会了！误会了！"转头，还向医生、护士道了歉。

这时，患者已经检查完毕在复苏室安安静静地躺着了，警察、特保和保安也撤离了现场。

思考与应用

在学习了突破式沟通以后，我思考自己可以怎样把患者投诉的答复工作做得更好。从这个患者的投诉可以看出矛盾是由于信息不对称造成的。我边学习边修正，总结了以下几点心得和大家一起探讨。

医患双方沟通信息不对称，导致患者多次往返医院，患者产生不良的情绪，接待这类投诉时，主要以耐心解释为主。有时候医患双方都有委屈，这和双方的语言、语气、习惯、关注点有很大的关系，和对疾病严重程度的理解、预后的描述、对疾病发展的预设和想象也有很大的关系。

做解释工作时，不能陷在思维的陷阱里，要纵观全局，理解患者的难处。患者的心情很焦急、情绪很压抑、身体很疲惫，在就诊过程中总是担心自己被忽视。这时医护人员的耐心帮助、家属朋友的关爱呵护对患者是极大的安慰。

沟通时，自己要安装好情绪的防火墙。当忍不住要爆发时，一定要强迫自己安静十秒钟，快速地预测一下后果有助于控制不当语言和行为。医护人员情绪激动甚至失控会激怒患者和家属，只会把沟通带入死角。所以，做好自身的情绪管理、安装情绪防火墙是必修课。

除了认真倾听患者的诉说以外，也要让患者看到医护人员的责任心，让患者相信医生的严谨和专业才是他最强大的支撑和后盾。当患者带着痛苦、沮丧、愤怒的情绪前来投诉时，医护人员要以温和的态度和患者能接受的方式给其建议；用最简洁易懂的语言解释医学术语；疏导患者的负面情绪，尽全力让患者满意。

我将每一件投诉记录在案、分类总结，把在工作中接收到的负面情绪变成养分滋养自己，不断提升自己的能力，并且在反思中得到成长。做到先处理心情，再正向沟通；先解决情绪，再解决事情。

最后，摘录一首我非常喜欢的诗送给大家：

如果我能使一颗心免于破碎，

我便没有白活一场；

如果我能消除一个人的痛苦，

或者减轻一个人的悲伤，

或者帮助一只迷途的知更鸟，

重新回到巢中，

我便没有虚度此生。

——美国诗人　艾米莉·狄金森

执行沟通策略

　　这是一系列关于突破式沟通的故事，每一篇文章都从不同的角度阐述了如何更有效地沟通与表达。希望读者从中受益，并用全新的方式提升人际交往的效能和质量。

　　"建立三种关系，实现自我人生蜕变"将会介绍如何建立和发展人际关系，以突破式沟通来实现生活的蜕变。"招聘专项案例"，是一份聚焦于招聘场景的应用案例，它引导读者以新的视角理解并应用沟通策略。

　　"校园里的突破式沟通"和"提升工作效能：突破式沟通的运用与秘诀"，分别探讨了在校园和职场中的沟通技巧和策略。"生产线员工辱骂事件"，介绍了突破式沟通如何在解决实际问题中发挥关键作用。将理论付诸实践，使读者能够在各种环境中应对自如。

　　"突破式沟通，学到'一点'也很棒"鼓励读者，即便是微小的进步也值得庆祝，这就是积累的过程，也是自我提升的过程。"知己知彼，有沟必通"，讲述了作者的亲身经历，她通过练习好的语言模式反过来修心，最终达到内外兼修的目的，并构建和谐的人际关系。"突破式沟通策略给我带来一段美好回忆"，是作者分享的个人经历，让读者看到突破式沟通如何在真实的生活中产生影响，带来积极的改变。

　　希望读者在阅读本节的过程中，能够深入理解和掌握突破式沟通的精髓，通过沟通策略和技巧，让你的人生产生积极的改变，提高生活质量、实现人生目标。

张艳平

人才智本®咨询首席顾问
突破式沟通授权讲师
DISC国际双证班F48毕业生

建立三种关系，实现自我人生蜕变

我是张艳平，目前是人才智本咨询创始人、首席咨询顾问。凭借多年积累下来的经验，我帮助过很多人激发自我动机和潜能，过上更美好的生活。

身边很多人问我过上卓越美好生活的秘诀，答案就蕴含在建立关系中。下面我就以自己的故事为蓝本，向你诠释为什么良好的关系是幸福生活的基石。

少年时代：从农村到城市，建立自强型
自我关系，重塑自我认知

我出生在湖北孝感一个只有几百个居民的自然村，家里有三

兄弟，我排行第二。我的父母都是农民。那时，我家很穷，住的是泥土房，总是吃不到想吃的菜，穿不上漂亮的衣服。

虽然学费只需几块钱，但对于我们家而言却是一笔很重的负担。为了供我们兄弟三人上学，每年开学，父母都会出去借钱，他们甚至需要挽起袖子卖血换钱。

1994 年冬天，我入伍参军，第一次见识到城市里的繁华。这里灯光璀璨，到处都是高楼大厦，气派华丽，商场的人们都穿着体面，举止得体。

这让我大开眼界，懵懂、天真、见识短浅的农村少年意识到自己有机会过上城里人的生活。我开启重塑自我关系之旅，从自卑走向自强，从懵懂走向清晰，从无所谓走向"我敢要"。

我下定决心要改变自己的命运，摆脱贫困，走向繁华，在部队里参加自考，立下二等功和三等功。

心理学领域有一句经典的话："自己与自己的关系，是一切关系的根源。"如果把人比喻成一棵大树，那么自我关系就是树根，树根决定这棵树是否枝繁叶茂、硕果累累。自己和自己的关系决定了所有外在的关系，我的内在自我关系走向自强，也从外界获得丰厚的回报。

职场时代：建立良好的团队信任关系，
源自主人公精神和真诚沟通

从部队退伍转业后，我在职场不断乘风破浪，多次升迁，具备了职业经理人所需要的良好职场沟通技巧和企业管理技巧。

当时，我是在公司第一个拿到内审员资格证的普通员工，在29岁就成为总裁办高级企管经理，此后更是晋升为执行总经理，在多家公司的不同岗位历练过。

最好的职场关系，是老板和员工彼此成就。

2006年年中，我离开成都到QY广东分公司，与KT总裁交流一周后，发现KT不适宜推动变革，最后婉拒去KT。

但是后来KT总裁问我如何理解总裁助理的职能。我笃定地回答道："总裁助理与总裁是伙伴关系，也是总裁的主要思想推动者，其工作结果就是权衡公司经营策略、执行策略、系统管理等。一个称职的总裁助理应该提供建设性的参考意见。"

总裁听完以后诚恳地邀请我，这番真诚、友好的沟通，让我觉得展现自身的机会来了。

在KT我生发出强烈的主人翁意识。作为总裁助理，我善于做向上管理，赢得总裁对我的充分信任，我分管过人力资源、企管和品牌工作，负责董事会日常事务。每项工作我都事无巨细，在全公司推行内部市场化管理，让所有员工都懂得投入与产出比，都清楚公司战略。

我很庆幸能加入 QY 和 KT 这样的大企业，逐渐成长为一个合格的职业经理人，拥有强大的心理支撑、宽广的胸怀、持续的学习力。

　　创业时代：确认自身使命，建立伙伴关系，
　　用爱与智慧成就伙伴，成人达己

一直以来，我都有个梦想，在 35 岁的时候开个咨询公司，让年轻的朋友有绽放自己的舞台。后来，梦想成真，我在成都开了一家咨询公司，取名为"人才智本"，旨在以人的绩效为本，对人才进行战略性投入，创造智慧资本。致力于激发组织和个人的成长动机，赋能企业，实现可持续发展。

在我看来，组织无论大小，都由一个个的人构成。每个人都渴望被理解与被看见，希望发挥出最大的能力，期待从组织那里得到反馈。这样一个个真实、鲜活的生命有效协作，组织才会有生命力，才会有真正意义上的可持续性发展，才会立于不败之地。

人才智本是一家价值型管理咨询机构，将人力绩效改进技巧融入组织健康管理顾问咨询、领导力发展，为客户提供知识、方法、工具、咨询培训、教练，从而帮助客户创造高效能的组织文化。

在 20 余年的职场和创业经历中，最让我印象深刻的就是帮助他人获得成长，成人达己。

在这个过程中，我感觉到自己情绪稳定、内心富足，我坚信这就是我想要完成的使命。

在咨询中，我发现很多人对自己不够了解，导致人际关系出现问题，进而影响工作和生活。了解自己，才能发展自己；理解他人，才能影响他人。正如老子说："知人者智，自知者明。"

DISC 测评是目前全球众多公司中使用得最广泛的行为模式测评工具。它告诉我们，每个人身上都有 D、I、S、C 四种特质，只是比例不同，D、I、S、C 特质并不是缺点和优点，只是特点。

我还发现在建立关系之后，维护关系依然是大家的一大难题。从众多实际案例中，我总结出一些方法。

维护长久、稳定、和谐的关系并非易事，首先需要不断澄清在关系中的自我角色期待，客观地认识自己，放下完美主义，也要意识到改变是不可避免的。

少年时代，我通过建立自强型自我关系，不断学习、成长；职场时代，我通过真诚沟通和发挥主人翁意识来奠定优秀职场经理的素养；创业时代，我帮助更多人利用 DISC 等工具认识自己，发展自己，优化组织效能，成就伙伴关系。如果你在建立自我关系和他人沟通时遇到挫折，欢迎来找我。

汤建蕾

智能制造25年资深人力资源从业者
突破式沟通授权讲师
DISC授权讲师项目A20毕业生

突破式沟通案例——生产线员工辱骂事件

因生产任务减少，生产线个别员工数月来未被安排加班，小刚就是其中之一。某日，新任生产部经理看见小刚在上班期间倚靠设备和同事说话，就对他说："上班时间，不要与他人闲聊。"小刚一下子情绪激动，当众顶撞并辱骂上级。运营总监得知此事，要求人力资源部门处理。

生产部经理是新提升的，公司需要采取行动支持新经理；目前员工情绪激动，拒绝承认错误。员工觉得不公平，被领导区别对待，导致自己没有加班，收入减少。因产能降低，最佳处理方案是公司与员工解除劳动合同，树立生产部经理在员工面前的威信。

HR 经理为达成目标，进行了三次沟通。

第一次沟通

沟通对象：生产部经理。

沟通目的：了解事情原委并就后续处理方案与生产部经理达成一致。

HR 经理："管理员工不容易，尤其是管理一线员工。小刚当众辱骂你，是他做错了。公司会支持你，帮助你找到解决方案。你能复述一下当时的经过吗？你做了什么，情绪怎样？小刚是如何反应的？"

生产部经理："我也觉得莫名其妙，我在车间里巡视，看到上班时间他倚靠设备，与同事说话，就对他说不要闲聊，他就情绪激动，骂我。我录了音，没和他多说什么，就离开了。"

HR 经理："录音我听了，你做得特别好。在那种情况下，你能保持冷静，收集证据，是相当克制了。你知道他为什么那么愤怒吗？"

生产部经理："我觉得是加班吧，我们部门安排加班挺公平的，按照最近两个月的表现，表现好的，安排加班；表现不好的，不予安排。"

HR 经理："标准是清楚的，你觉得公平的，员工却觉得不公平。现在员工当众辱骂你，按照公司规定，最多只能书面警告。

如果员工不同意协商解除劳动合同，我们还得收集证据，需要二次书面警告，才能解除劳动合同。所以，我们需要耐心和智慧。你能理解吗？"

生产部经理："没问题，我一定配合。"

第二次沟通

沟通对象：闹事员工的直线主管（生产部经理一起参加）。

沟通目的：多方面了解员工表现，并团结生产部的各层级力量，对该员工的管理达成一致意见。

HR 经理："今天找你们，主要了解小刚平时在班里的表现以及和同事的关系。"

直线主管："小刚脾气火爆，平时配合度不高，与同事的关系还可以。自从发生辱骂事件后，小刚的状态很消极，已无法正常工作，甚至拒绝配合小组统计工时。"

HR 经理："你们不统计工时已经多长时间了？"

直线主管："半个多月了，他不签字。我们也不太敢和他多说话。"

HR 经理："了解了，他不太配合。只是不能因为他不配合，我们就不管。公司需要确认工时，工单签字我们可以让第三方文员同时签字，这样能确保让员工觉得公平，你们说呢？"

直线主管："这个方法蛮好的。"

HR经理："因为他的事情不是一两天可以解决的，我们需要耐心处理，收集证据，通过公平管理给员工一定程度的威慑。针对后期对该员工的管理，我们需要避免直接冲突，必要时，我们会让公司律师介入，给你们资源支持。"

直线主管："太好了。"

HR经理通过两次沟通，说明公司会坚定地支持生产部经理和主管，并就对员工的处理方案达成一致。

第三次沟通

沟通对象：小刚。

沟通目的：摸清员工诉求，处理辱骂事件，最终达成解除劳动合同。

员工走进办公室，与 HR 经理打招呼，HR 经理问员工对于公司的感受，公司的冲锋衣、暖冬月的饮品是否收到。员工反馈很好，以舒适的氛围开始沟通。（开场，拉近关系）

HR经理提及本次辱骂事件，HR 经理表示，自己听说后很惊讶，这不像小刚会做的事。

小刚："我骂什么？我只是拍桌子了。你有证据，你拿出来！"（激动，一副吵架的气势）

HR经理："声音可以小一点，你是两个孩子的爸爸，你需要为孩子做榜样，做了，就要承认，大声说话不能解决问题。"

小刚："他在污蔑我，我只是靠在机器上和其他人沟通工作，他凭什么说我在聊天，他就是对我有意见！"

HR经理："上级误解你，你受委屈了，你可以先解释，而不是发脾气。（严肃地提醒员工）我们都是成年人了，脾气是发出来了，但是要承担后果的。（暗示员工辱骂上级，公司要给予处分）人家只是说你闲聊，但你骂人家什么？（点破员工的恶劣行为）"

小刚："骂人是不对。我真的是没有办法。为什么就三个人没有加班？为什么负责第一道工序的（小刚所在组）没有加班？负责后面二三四道工序的反而能加班，为什么要请其他小组的人帮忙加班而自己组不加班？"（小刚连续问了三个问题，声音愈发高亢，表达内心气愤、不满）

HR经理："你的逻辑能力很强呀，一下子问了三个为什么，主管都不敢和你沟通。那你有没有想过自己为什么没有加班？我们也提前在生产部做过一些调查，目前生产任务不足，部门有安排加班的逻辑。作为一名员工，你首先要配合公司的安排，对于不公平的安排可以通过正常渠道申诉。"

小刚："新生产部经理，你知道吗？他的能力根本没办法和老经理比，弱多了，也不知道怎么管的！"

HR经理："他刚上任不久，是有一些地方需要改进，但你是下属，你没有资格对他的绩效进行评估，他的上级会定期评估他的业绩。现在要谈谈你自己的问题。"

小刚："反正我觉得不公平，他针对我。"

HR 经理："不安排加班就是针对你，你知道去年你的工作评估是多少分？"

小刚："肯定是 4 分，不好。"

HR 经理："谁说的，他给了你不错的评价（3 分），只是你不知道。目前的确是订单很少，这不是他可以控制的。"

小刚："噢，是这样。我不知道他给了我这个评价。"

HR 经理："你还在公开场合骂他，他肯定不好受。"

小刚："可是现在我一点加班也没有，只有工资，我没办法养家。"

HR 经理："是啊，马上又要过春节了，一年做到头，没钱买年货，怎么能开心过春节？公司曾经给出的优化方案是，员工可以拿劳动法规定的补偿及年终奖，然后离职。"

小刚："我了解到的政策不一样，如果生产线员工是这个离职补偿方案，很多员工都愿意的……"

HR 经理："我们就按照劳动法规定，做满一年的补偿一个月薪资，做满半年不满一年的补偿半个月薪资，再加上年终奖十三薪，该给的都会给。"

小刚："公司还是为员工考虑的。我就在想为什么要为难我，不安排加班，如果给我点补偿（指离职补偿），也不会弄得如此难堪。"

HR经理："这些政策都是基于公司与员工的关系还不错的情况，但你现在……我们也觉得可惜。"（暗示员工打破了和谐的关系，设置一定的障碍，降低员工的期待，为后续协商解除劳动合同作铺垫）

小刚："现在这个事情，我真的是被逼得没有办法，不管公司如何处罚，我认。我愿意向经理道歉。"

见员工愿意承认自己当众辱骂有错，并且已经了解员工接受公司底线内的补偿方案，HR经理便抛出两个选择："第一，留在公司。针对你在公共场合的言行，公司肯定是要处理的，但是你要了解，关系一旦出现了裂痕，需要花更多的时间和精力弥补。（站在员工的角度提醒员工这不是最佳选择）第二，协商解除劳动合同。你会拿到n＋1的补偿金、年终奖和十三薪，两个方案由你自己选择。"

小刚听到方案后，欣然接受解除劳动合同并离职。

沟通到此，骂人事件圆满解决，小刚向生产部经理当面道歉，解除劳动合同并离职，双方好聚好散。

总结：突破式沟通

HR 经理在整个沟通过程中情绪稳定，保持好奇心，探究小刚的动机和信念。在碰到沟通死角时，即小刚在事实面前不承认错误时，HR 经理用了两次身份提醒，提醒小刚他是成年人，也是两个小孩的父亲，是孩子的榜样；做错事，就要承认。在沟通新经理的工作表现时，HR 经理又用了第三次身份提醒，提醒小刚身为下属，没有资格去评价经理的绩效。当小刚认为不安排他加班，就是领导针对他时，HR 经理提示小刚，新经理很公正，对他的评估不错；不安排加班，是因为产能降低，这不是生产部经理可以控制的。

在和小刚的困难沟通中，HR 经理充分运用了五步策略。

第一步，建立关系。

公司有一个和谐的、公平的工作氛围。在年底发放冲锋衣作为新年礼物，冬天，公司还组织了暖冬月活动。

第二步，厘清情绪。

小刚没有加班机会的愤怒，HR 经理作了回应。

小刚被领导误解，觉得委屈，HR 经理作了回应。

小刚养家辛苦，HR 也作了回应。

第三步，还原事实。

HR 经理指出：不管什么原因，小刚在公众场合辱骂了生产部经理。骂了，就要承担后果。

第四步，发掘价值。

小刚需要公平，HR 经理提示他：上一年度的评估不错，公司及他的上司是公平的；不安排加班，是因为公司订单少。

第五步，找到方法。

HR 经理提出两个解决方案，让小刚二选一，小刚有了掌控感，最终与公司达成和解。

余泓

互联网行业15年资深HRD
突破式沟通授权讲师
DISC授权讲师项目A20毕业生

突破式沟通策略给我带来的一段美好回忆

六月的苏州进入梅雨季节，一直断断续续下雨，低气压让人烦躁不安。六月的某一天，我正在自己的办公室里忙着准备公司年度调薪方案，调薪方案涉及每个员工的利益，对公司有举足轻重的意义，不能有一点马虎。我沉浸在左右平衡、前后对比中，突然被重重的推门声打断。我皱眉抬头一看，原来是火冒三丈的技术总监李总。同时，收到了总经理给我发来的一条消息："余经理，我看李总来找你了，你和李总沟通一下，他们技术部耽误了这次公司线上活动，被运营部投诉了，他还不乐意，居然在会上撂挑子。我的想法很简单，保证三天后公司活动准时启动。"

我知道技术部李总是软件开发工程师出身，属于想到做到的行动派，但有时候容易情绪化。一旦情绪化了，和他的沟通就会变得困难。我知道他刚才在开业务会议，参加部门是运营部、技术部和营销部，主题是公司即将开展的一个线上活动。

突然的工作安排和沟通对象不请自来，让我很烦躁。我随口问了一句："咋了？"

李总看我还在看电脑，仍自顾自地说："还不是那点破事又拿到会上来说了，自己部门的责任一点都没有，全部是我们部门的问题。要告状也不是这么告的。公司活动网页在电脑上呈现的效果不是美术设计的效果，老板就问原因，运营部就拿出了他们的设计效果，推到我们技术部身上。你也知道设计效果和最终呈现效果是有差异的，每个显示器品牌的色彩都有差异，我们技术部只能做到在市场主流显示器上的呈现效果和设计一致。运营部就不依不饶，非当着总经理的面说我们技术部能力不行。今天总经理让我们加班，说哪怕是通宵加班也要解决这个问题，否则就要扣我们部门的绩效。你说说看，我怎么和我们部门的人说，于是我就回复他技术部做不到。每次开会，就运营部到处'开枪'，你们部门也没少被他们批评。"

我听到这里烦躁到了极点："之前为了名片晚交付的事，我们部门不也被运营部在例会上批评了吗？运营部的风格就是这样的。"

我说完，看了一眼窗外，梅雨开始稀稀拉拉下了起来，但闷热并没有缓解。我起身打开窗户，这时一阵凉风吹了进来，我感觉到一丝凉意，也觉察到自己的情绪被李总影响了。这时脑海里想起了突破式沟通335密码。我的烦躁、愤怒的情绪来自我的信念——不被尊重。我在认真工作，李总没有敲门就进来了，老板又临时给我指派了工作，使得我的工作可能无法准时完成。我的身份是人事经理，技术总监来我的办公室说业务会议的事情，说明他信任我，他深陷情绪中，需要我的帮助，所以他和我的目标一致。

于是我调整了一下呼吸，回到座位上，保存好了文档，合上了电脑。我平静地看着对方的眼睛，说道："我正好也想休息一下，你这么信任我，开会一结束就来我办公室说这件事，看来这件事的确让你很生气。具体说说，我帮你参谋一下。"

李总看到我和往常一样看着他说话，就娓娓道来："我们是一个团队的，他们运营部发现什么问题，可以第一时间和我说，我可以让前端工程师看看是否可以调整，但他们在会上提出来，弄得我手足无措，总得给我点时间去看看问题出在哪里吧！"

我问道："从刚才说的两段话里，我感觉你除了生气以外，还有抱怨。你的生气来自运营部不提前通知你就到会上说了。你的抱怨来自总经理不听你的解释，强行分派任务给你。不知道我的理解对不对？"

李总眼里闪着光，点着头说："就是这个意思。"

我说："那我们一个一个来想想怎么解决。你觉得应该先处理哪件事情？"

李总说："当然是总经理交代的任务，在这么短的时间内，我们没办法解决不同显示器呈现的效果不一致的问题。运营部的问题你也知道的，老问题，一时半会儿，他们也改不了。"

我说："好的，那我们先来看看总经理的这个任务。总经理是公司最高指挥，你是部门负责人，现在总经理希望你在明天上班前把显示器的显示效果问题解决掉，对吧？"

李总说："是这么一回事，虽然他是公司最高领导，那他是不是也应该听听我的解释，理解一下我的困难点呢？"

李总说完这话，我明显地感觉到他很委屈，从心理学角度看，他把总经理视同自己原生家庭的父亲或母亲。于是我用旁边的空椅子帮他换位思考。

我说："如果现在你是总经理，活动即将在三天后开始，运营部的广告已经打出去，营销部也向客户宣传了，但你在项目进度会上听到因为技术部的问题，不同显示器上的广告呈现效果不一致，可能导致客户操作不了。假设边上那个空椅子上坐着公司的技术部负责人，他告诉你目前还不知道问题出在哪里，你会怎么想？"

李总看着旁边的空椅子，低下头皱着眉头思考起来。

窗外的雨变成了倾盆大雨，老天貌似不倒完那盆子水就不会

罢休。

过了七八分钟，李总说道："我也会生气，但更多的是着急，我需要尽快解决问题，保证公司活动准时启动，而不是在这个时候听解释，解释就是辩解。"

我点头笑着说："现在你回到技术总监的身份，你也知道总经理的想法了，我们再来看看这个任务。总经理希望你在明天上班前解决掉显示器的显示效果问题，你会有……"

我还没说完，李总就从椅子上跳起来了，说道："余经理，我知道了，我先去让工程师赶紧想办法把问题解决了。他们解决不了，我来请外援，怎么也要在今天晚上处理完。"

说完他就往外走，我赶忙起身拉住了他，让他回到座位上，说道："李总，别着急，现在你已经有两个解决方法了，一是让工程师想办法，二是找外援。我知道你的脾气和性格，想到就要做。我们再想想，万一，这两个方法都没能完成这个任务，还有其他办法吗？"李总愣住了，问道："这两个方法会不行吗？我找的外援可是行业内专家啊。"

我提醒他："如果你的朋友是专家的话，你也不会一开始就说界面适配麻烦了。在会上也许就会和总经理说这个办法了。"

李总尴尬地说："是啊，我的朋友是前端的技术专家没错，但他去新加坡了，不知道能不能联系上他。如果联系不到他，我们自己的工程师水平又有限的话，我们也许……可以到技术社群里问一下。如果还是问不到的话，嗯……我们可以用市面上占比90％的显示器先做，或者只在页面放一张图片，功能键可以放到旁边，也可以……"

这次是我打断了他："你看你的方法有很多，现在不担心自己没方法了吧。我建议等处理完了，你找总经理一起去喝杯咖啡，聊聊天，道道辛苦。"李总快速起身："是的是的，余经理我先不和你聊了，我要去找我的小伙伴了，一个诸葛亮抵不过三个臭皮匠，他们的方法也许比我还多。"说着就快步走出了我的办公室。

我也从椅子上站起来，本以为是场困难的沟通，结果却变得那么顺利。我看着他离去的背影，笑了笑。此时的窗外，大雨已经停了，太阳在天空中露出笑脸，风里也夹杂着泥土青草的气味，让我感到无比轻松自由。

无论什么困难，方法总比问题多。每个人身上都有一束光，等着我们自己去发现它。

在这个案例中，我帮我自己设置了防火墙，厘清了情绪，正确识别了我的身份，从而发掘出李总来我办公室的真实目的和我的目的是一致的，并尽快地找到方法帮他稳定情绪。在稳定他的情绪时，我把主动权交还给他，让他决定先要处理的是生气还是抱怨。厘清情绪后，我再和李总一起还原事实，即总经理安排的任务是尽快解决显示器显示效果的问题。最终找到三种以上的解决方法。

　　这次沟通成为我在职场上的一段美好回忆，在写这篇文章时，我仿佛还能闻到那天雨后空气中弥漫着的泥土与青草的味道。愿所有读过此书的朋友都能找到自己心中的那道光。

徐艳春

半导体CIM行业助力者
突破式沟通授权讲师
DISC授权讲师项目A20毕业生

突破式沟通，学到"一点"也很棒

四月的某一天，C姐问我："Susan，'五一'期间有个很好的学习机会，你要是能放弃五天假期，我可以带你飞一下。"我心想：天啊，C姐推荐的肯定是我需要的，必须抓住机会。

接下来，我需要把事情提前安排一下，跟老公交换条件，五一假期他带孩子，回来后我放他三天假（担心一个人带五天孩子有难度，我和阿姨打好招呼，请她提前回来帮忙）；公司这边提前两周给部门经理、主管们安排好任务。在家人的支持下，我去上海学习了。

在上海学习期间，我遇到了各行各业的老师和专家，听到大家的经历和故事，我也开始有了一些些沟通的勇气。

最后一天，老公来接我，我打开车门后说的第一句就把老公说蒙了："感谢老公支持我学习，这五天你没有休假，包揽了家务，还要带孩子，辛苦了。家里还有什么需要我做的吗？回去后，你不用做任何事，我来。"老公惊讶地看着我，哈哈大笑说："老婆，老师什么时候再开课，你去吧，我绝对支持。家里的事你不要担心。"对视一会儿，我俩都笑了，这不是我俩正常的对话模式。沉默片刻，老公说："你知道吗？这几天真的好累，Bomi不好好吃饭，也不好好睡觉，每天都要出去玩，一个人带孩子真的比我为项目通宵加班还累，本来想着要跟你说下次再也别想丢下我一个人出去来着，但是你一开口说那些话的时候，我就觉得应该支持你去学习。我觉得这些都是小事。你不仅可以学到对你有帮助的知识，也可以让 Bomi 学到好的沟通方式，很好。"哎呀，我想要的沟通效果达到了。

上班后，虽然记得老师布置了作业，但我要参加各种会议，忙到头晕恶心，各种事情搅在一起真是身心俱疲，更别说交作业了。这天财务经理气冲冲地找我抱怨风控部经理不分青红皂白就跟她吵架，当面摔东西（这位风控部经理是公认的高情商、情绪稳定的人，不应该啊）。

财务经理说："那天合同专员来财务部盖章，我按流程核对纸质合同与系统文件，发现资料不一致，就驳回了。"

我说："啊？不应该啊，他们在公司最谨慎了，怎么会呢？"

财务经理说："是啊，你听我说。她（合同专员）当场就打电话给法务（同部门）说这份合同有问题，可是法务说她审核的合同不会有问题，有问题也是财务审核的部分有问题，要我发邮件说明情况……"

我握着她的手，让她情绪缓和下来，也让她感受我的温度，然后对她说："不要激动嘛，现在来跟我说这件事是你觉得委屈了，对吗？来，我们一起做几个深呼吸。"

财务经理说："能不委屈嘛，又不是一次两次了，虽然是通过电话吵，但也是开着免提当着那么多人。一开始是法务发邮件说我审核的部分有问题，我复原了事情的经过，后来风控部经理也加入了进来……"

这时，我想起老师说"没有记录就没有发生"，既然有记录那就从记录中找解决办法。从两份文档和邮件相互往来内容中，我发现了问题。

我说："姐，你看，这件事本来很小，就是让法务再发一份最终版的文档给你。最后风控部经理也加入进来，是因为你把邮件抄送给了总经理。我能想象你当时的感受——委屈和被误解，但是你对她错或她对你错的结果重要吗？重要的是这份合同需要尽快盖章给商务，这是商务部上个月拼出来的订单，你们俩部门吵架有什么意义呢？要是流程有问题，我们在管理会议中提出不合理的地方，大家一起讨论嘛。"

听我说完，财务经理的情绪缓和下来了，她说："我是担心，担心风控部经理在老板面前说我的坏话。"

我说："姐，你说这两年我们遇到多少奇葩的事，你都没有选择离开，是为什么呢？"

财务经理说："说实话，到哪里都是领一份工资，我看中的是老板的人品。"

我说："对呀，老板什么样的人没有接触过，会因为一两句话降低对你的评价吗？你的担心是多余的，除非你不专业、对公司没有价值。你有价值，老板才不会让你走呢？除非你对自己的专业度没有把握。"

财务经理说："可是好几次我出的方案，还没说完就被老板否定了，他还说我这些方案是过时的。"

我说："姐，你换个角度想，就这个盖章的事情，你只从用章管理人的身份来看待问题，别忘了，你可是部门经理，是公司的管理层，做事不能只看眼前的事情，还要联想其他业务和部门啊。你给老板的方案，只从财务部角度考虑，不考虑公司战略层面，老板怎么去判定嘛？你是老板，你希望财务经理给什么意见呢？"

财务经理说："哎呀，你现在说话怎么这么温柔了，还说得这么有道理？"

我说："哈哈，我'五一'期间去学了沟通，正好拿你试试手。"

财务经理说："有空多跟我说说，我也想改变，盖章的事情是我小题大做了。老板那边我也知道怎么去说了。"

学到"一点"突破式沟通让我有了变化。生活中，和家人的关系更融洽；工作中，我利用突破式沟通解决沟通问题，也帮同事解决沟通问题，赢得了同事的一致好评，"五一"的这次学习真是太值了。

吴娴

利基行业中小企业主的陪跑者
突破式沟通授权讲师
DISC授权讲师项目A19毕业生

突破式沟通的执行策略——招聘专项案例

背景：某智能制造企业，年初启动非标整线自动化设备交付项目，该项目涉及两条生产线，共计46台设备，HR需要在规定的时间内，无条件配合事业部及时有效地招聘软硬件工程师、现场支持工程师、项目管理人员等20名，以及80名现场服务人员。

项目中的冲突点：

正式员工的招聘进度跟不上项目人力缺口的紧急度，用人部门提出人力需求的时间恰逢春节前后，且属招聘淡季。

用人部门实际用人任职资格技能要求与其提出的需求不匹配，如该项目所需的现场支持工程师偏装配钳工技能方向，与HR正常招聘的该岗位普适要求有出入。

招聘面试录用跨部门沟通配合不顺畅，用人部门面试不积极，配合度不够；部门面试官企业文化认同度待提升。

HR 正式工的招聘渠道受限，未做到最大化拓展；部门更倾向于录用自己推荐的人选，对 HR 推荐的不信任。

人员本来就紧缺，但项目现场用人管理出现混乱。

基于背景及冲突呈现，HR 做了多次突破式沟通，保证项目未因人员招聘环节的压力而延误交付。

沟通一：与事业部项目经理达成招聘灵活度的妥协解决方案

HR 招聘主管 Jessica："我们上周收到了你部门的紧急人力需求，确实人数多、时间紧、压力大。几家友商都在为抢夺量产订单各显神通，知道你非常辛苦。"

事业部项目经理 Maggie："你知道就好。按照 1 月 16 日的确认邮件，我们已经提出了人力需求 20 人及在线服务人员 80 人的申请，什么时候可以到位？"

Jessica："Maggie，我们这一周确实没有达到你的预期。你也知道春节前后，很多同事和候选人都想回老家过年，我们做了些调整，你看看这样是否跟得上你们的阶段性人力需求？"

Jessica 端上事先准备好的符合 Maggie 喜好的拿铁咖啡："你先喝杯咖啡，我来打开表格和你一起过一遍。"

Maggie 不为所动，有些急躁："我只有半个小时，你赶紧说吧！"

Jessica："好的，我们的调整对策是这样的：

"1 月 21 日—1 月 27 日，在公司春节放假期间，HR 已协调了生产及售后人员留守项目，保证顺利完成生产装配任务。

"我们招聘团队节日期间派一人留守，并且协调了外部资源，为年后大批量人力需求做前期储备。目前可以确定节后到位现场服务人员 80 人。

"关于招聘软硬件工程师、现场支持工程师及项目管理人员 20 人，这个任务确实有些困难，我想请你帮我做下紧急次序的梳理，包括这些候选人的关键技能的优先排序。你看可以吗？"

Maggie："生产、现场看上去问题不大，但这前道的工程师招聘进度不行，我又不是招聘，我怎么帮你？"

Jessica："你当然可以帮我。你看，项目你最熟悉，现在最缺的岗位是软件工程师和项目管理人员。我们一周就这两个岗位已经搜了 100 份简历，但愿意来面试的也就 20 人。由于最近大家的压力都很大，在面试过程中多少有些情绪，双方感觉不好的占了一大半。到今天为止，我们只发出 3 份 offer。我想听听你的建议，如何让基本符合要求的候选人在部门面试过程中更容易受吸引？"

Maggie："这样，项目管理候选人的水平与 Ricky 差不多的，就直接让我来面试，我想我是可以激发鼓励他们加入公司的；不过软件工程师我就没有办法了。"

Jessica："太谢谢你了，我们再筛一遍项目管理候选人简历，争取明天给你 2～3 个候选人；关于软件工程师，我想给个建议，是否可以请研发的专家根据事业部的紧急需求，优化关键技能和背景要求，再和事业部协同修正，多筛选一些候选人出来？另外，我们已经启动了紧急猎头支援，这家公司之前给我们成功推荐了 4 位软件和算法工程师，其中 3 位我们已经发出 offer 了。他们也是给出了同样的建议。"

Maggie："既然没有更好、更快的办法，就死马当活马医咯。"

Jessica："谢谢你的理解，我们今天下午就把更新的岗位说明书发出来，争取假期内锁定节后面试的候选人。"

此刻，正好 Maggie 的手机响了，Jessica 乘势说："知道你很忙，今天要不先到这里？接下来，我和你保持及时沟通，每天下班前也会将招聘进度发到你邮箱。"

Maggie 则说："希望你们说到做到，不要让我来催。我先走了。"

在 HR 和事业部互相谅解并保持每日沟通招聘进度的情况下，HR 在第一阶段三周时间内完成了招聘任务。

沟通二：人力严重不足的投诉处理

经历了与事业部项目协同招聘节奏，设备进入现场后，事业部现场总负责人就不停发邮件投诉：人力不够、能力不达标。

运营总监亲自了解情况并和相关职能负责人交流。通过现场观察、沟通后，运营端（包括 HR）与事业部总监进行了如下沟通。

运营总监 Jimmy："John，从 2 月中旬到现在，你们事业部的人力投诉越来越多，还发到了老板那里。我这 3 天去了设备现场，看到了一些情况，也访谈了现场的一些主管和员工，想和你沟通接下来要改进的事项。我们大概需要 40 分钟时间，你看可以吗？"

事业部总监 John 说："要不今天下班后，我去找你？"

Jimmy："可以，那就 17：30 在我办公室见。"

17：30，John 来到 Jimmy 的办公室。

John："我等会儿还要去客户现场，你先说说你发掘出什么信息了？"

Jimmy："今天我俩交流，是要找出更高效的解决办法。你看，是你先说说这些投诉的症结问题？还是我先说说我在现场看到的问题？"

John："都可以。"

Jimmy："那我来说一下我看到的现场情况。

"有两台机器卡在那里，算法工程师已在现场优化算法达 6 个小时，为此前后配置的现场支持工程师和现场服务人员超过 10

人等待着。

"询问'既然来不及，为什么推荐的软件工程师都不面试？宁可一个人在现场不吃不喝顶着'，回答说太忙，没时间面试。

"投诉工厂周边不方便买到食物，半夜加班后都没有办法出门买吃的。HR 安排了值班司机后，3 天内却几乎没有人提出需要外出买食物。

"借调来的现场服务人员，现场既没有安排上线培训的计划表，也没有工作安排的指令。问及现场管理人员，得到的答案是等工程师调好了再说。

"回来后，我看了招聘需求及到岗时间要求，即便 HR 没有百分之百按期完成招聘任务，但现场已经有很多闲置等待的人力。所以，我想听听事业部内部的复盘情况。"

John："确实，你看到的大部分都是事实，但为什么有那么多抱怨，我想还是前期招聘脱节造成了太多设计变更的原因。另外，请你亲自去现场感受下前线的'炮火声'，也是为了更好地了解前线需要的真正服务是什么，了解前线员工的期望是什么。虽然扯皮解决不了问题，但让高层重视部门的协同和包容，也是一件好事。我们一起来看看有什么更好的资源和解决办法。"

Jimmy："我们大运营内部已经统一了思想，从明天开始，主管级轮流到现场协调与事业部的配合工作；同时，从研发中心和其他事业部借调软件算法工程师到现场支持；还有，由现场服务主管和各站负责人确认必要的在场服务人数，争取在一周之内减少 40％ 的闲置人力；最后，邀请研发软件专家和你一起面试已经筛选出来的软件算法工程师。John，请给我这周你可以面试的时间，我们尽快安排面试。"

John："好的，我接下来 3 天下午的 14：00－17：00 是可以灵活安排的，你们尽快安排吧！我觉得今天这样的沟通很有必要。接下来希望高层定期互动，确保各层级反馈的信息得到及时关注，尽可能在资源有限的情况下，各事业部和大后方协同支持。"

Jimmy："那一言为定，咖啡我来准备。今天就先聊到这里。"

John："好，保持联系。"

两位职能总监真诚面对、通力合作，项目现场人力需求的问题逐渐解决，人事部配合项目部门将成本控制在 75％。

谢丽

公办中职学校校长
突破式沟通授权讲师
DISC授权讲师项目A20毕业生

校园里的突破式沟通

在我心里，理想的校园是阳光明朗的，是朝气蓬勃的，是友爱互助的，是处处都有笑脸、处处都有琅琅书声的。可是，在校园里却总能见到顶撞老师的学生、被学生气得脸红脖子粗的老师、来找学校理论的家长。是学生的问题？老师的问题？家长的问题？很多时候，都不是，只是沟通出了问题。校园里，处处存在着沟通，师生之间、老师之间、老师和家长之间，可以说，沟通的好坏直接决定了教育的效果。

面对叛逆期的学生，如何说？

午休去巡堂，看见一位老师正和一个女生谈话，女生披散头发、校服不整，老师反复要求女生整理好头发和校服，但是这个女生怎么都不为所动，一副满不在乎、能拿我怎样的表情。我一边想着又是不开心的下午开始了，一边将她请进了办公室。

一进我的办公室，女生就双手交叉抱在胸前，一副拒绝沟通的样子。我刚准备跟她讲道理，但想起突破式沟通所说的"效果比道理更重要"，暗暗提醒自己，不要被自己的情绪左右，不要一开始就批评、讲道理，要先辨认学生的情绪，再想办法，批评不是最终的目的，达到教育的效果才是最终的目的。于是，我问她："喝水吗？别站着，我们坐下来聊聊吧！"她相当意外，看了我一眼，在我面前坐下来，依旧沉着脸不说话。我问："很生气吧，在同学面前被老师批评，感觉很没面子吧？"她又一次意外地看了我一眼，还是不说话。我说："你应该是个很爱整洁的学生，我刚才看了一下你教室的座位，书本都放得整整齐齐，桌面也非常干净。"她低声嘟囔了一句："我讨厌乱糟糟的。"我又继续说："你在家肯定也是个爱整洁的好孩子。"这下，她更意外了，抬头看了我一眼，绷紧的双肩松弛下来，我觉得有戏了，继续说："看得出来，你在家就养成了爱整洁的好习惯，家里的房间都是自己收拾的，是不是？"她说："是的，我家的房间都是我收拾的。"我再问她家里的情况，跟父母相处得怎么样。

渐渐地，她的态度明显地缓和下来，这时我才问："刚才发生了什么事，能告诉我吗？""班主任针对我，班上又不是我一个人的校服没拉拉链，为什么只批评我一个人，还当着大家的面？"
"哦，当着大家的面批评你，让你很没有面子是吗？""是啊，又
不是我一个人犯错，明明就是针对我。"对这一话题，我没有接
她的话，而是说了我的感受："很多学生也会在背后议论说我很
针对某一个学生，但是真实情况是，说起名字，我往往已经不记
得那个学生是谁，所以我觉得感觉被针对只是一种个人感觉，但
这种感觉不一定是对的，会把自己引向偏激。你可以找时间主动
问问老师批评你的原因，或许你真的有一些事情做得还不够好，
又或者这里面存在误会。当然，我也会提醒老师，下次找你指出
问题的时候，不要在同学们面前，不要在教室门口，你看可以
吗？"她点点头，没再说话。

　　看她不再说话，我突然意识到，我又开始讲道理了。为了缓
和气氛，我卖了个关子，说："我还有话想说，但是不知道你想
不想听真话？""当然要听真话，假话没意思。"我直接说："这个
发型不太适合你，你看，你的眼睛多漂亮啊，脸型也好看，但是
现在的发型把什么都遮住了，大家看你，就只看到乱糟糟的头
发，你这不是让别人只看你的缺点吗？"女生一听，赶快拨弄头
发："我以前不是这样的，最近头发长了之后，一直没时间去剪，
正准备这个周末去剪头发。""原来是这样啊，难怪我说爱整洁的
你头发怎么有点乱啊，原来是学习有点忙，周末才有时间去剪，
那下周我可要好好看看剪完头发后漂亮的你哦，可以吗？"

她点点头，有点羞涩地笑了笑，这个时候，我进一步趁热打铁，一边问她冷不冷，一边用温暖的手盖在她裸露的皮肤上，（我是女教师）一边问："暖和吗？"她说很暖和。我接着问："知道为什么女生总是容易生病吗？我曾经看过一本关于健康的书，书上说，女生健康的第一件大事不是要吃多少补品，而是要注意保暖，手暖了、脚暖了，特别是肚子暖了，就不容易肚子痛，就不容易积聚脂肪、不容易生病。"她瞪圆了眼睛说："真的吗？从来没有人教过我这些。"我顺势帮她扣好了里面的衣服，拉上拉链，然后问她，是不是感觉好多了。女生乖乖地点头，说："谢谢老师！"这时，上课铃响了，我让她回教室上课，还特意提醒她别忘了下周我们的约定，她朝我挥挥手，笑着跑回了教室。

预期的不开心的场面并没有出现，我和她心里都充满了愉悦。

遇到喜欢投诉的家长，怎么说？

周一才上班，我就接到教育局转发的通知，学校又被家长实名投诉了。学校实行半封闭式管理，中午学生都留校午休，要求学生尽量在学校饭堂就餐，每月初，学生统一缴餐费。为了这件事，这位家长已经投诉两次了，看来前两次的沟通，效果并不佳。拿到家长的电话，我打电话给家长："小燕妈妈，您好，我是学校的校长，已经看到您向上级部门反馈的意见，谢谢您对学校工作的关注，能否请您抽个时间来趟学校，我们商量一个解决的办法？"这样聊了一会后，家长同意第二天抽时间到学校来面谈。

第二天，家长如约来到我的办公室。她一进门就说："我不是要为难学校，我是提意见，觉得这样强制学生在学校吃午餐不合理。""是的，没有家长故意跟学校作对，都是为了孩子，家长也不容易，又要赚钱养家，又要照顾孩子的衣食住行，总担心孩子在外面吃不好，没营养。""是啊，家长很辛苦的，每个月就赚那么几千块钱，都花在孩子身上了。""这个孩子真有福气，有一个很爱她的妈妈，孩子跟您很亲吧？"一说到孩子，家长就打开了话匣子，说了好多关于孩子的事情，我看气氛比较融洽，就趁机跟家长说："知道您关心孩子，担心孩子在学校吃不好。您看这样行不行，学校并不是要求每个孩子一定要去饭堂吃饭，也可以自己带饭过来，可能就要辛苦您每天早上给孩子做好饭，让她带过来了。"家长一听，就愣住了，说："家里还有孩子要照顾，我自己也要上班，早上的时间很匆忙，根本来不及做饭。""这样啊，您也知道，为了学生的安全，学校实行半封闭式管理，学生中午都在学校午休，那学生吃什么呢？方便面？还是您给她买面包点心什么的？""方便面不健康的，怎么可能天天吃，我女儿说学校饭堂的饭菜很差，天天就一种饭菜，很难吃。""您去过我们学校的饭堂或者您在学校的公众号上看过每周发出来的菜谱吗？"

"我不知道有这个，学校饭堂哪有好吃的啊？""这样吧，既然您来了，证明您是真的关心孩子，要不我们就一起去饭堂看看，看看饭堂的环境，也看看饭堂的饭菜。您要是愿意的话，中午我请您在饭堂试试我们的饭菜，您看如何？"

来到饭堂，看着干净、整洁、舒适的用餐环境，再看着琳琅满目的各种菜品，有套餐、有蒸笼饭、有烤肉饭，还有粥、粉、面，家长惊讶极了，说："我女儿一直说饭堂天天都是一种菜，难吃死了，又很贵，不想在饭堂吃饭老师又不批准，我才投诉的。""老师不同意孩子不去饭堂吃饭，是因为看到小燕经常在中午吃泡面或者零食，还经常中午不吃饭说是要减肥，孩子正处在长身体的时候，老师是担心孩子的健康，希望她能按时吃饭，营养均衡一点。"家长一下子有点慌乱起来，说："我不知道这些情况，我以为是学校乱收费，还强制学生吃饭堂不好的饭菜，我不是有意要为难学校的。""我知道您只是关心孩子，不是有意为难学校，但是学校和您一样，也很关注孩子的身心健康，都是为了孩子好，我们的目的是一样的。""是啊是啊，我就是担心孩子吃不好，影响身体健康。""我知道的，我也是一个孩子的妈妈，做妈妈的心都是一样的，您看这样，以后小燕的午餐是她自己带呢，还是您中午抽空送过来呢，或者在学校饭堂吃呢？都可以的，学校都支持和配合。""这么好的饭堂，那当然还是在学校吃啊，这样我也轻松一点。不好意思啊，误会学校了。""没关系，有些误会说清楚就好了，您看，这是我的电话，以后您要有什么不明白的事情，可以直接问问我或者孩子的班主任，有时候投诉也不一定能解决问题，大家还是要多沟通，都是为了孩子好，您说是吗？"家长连连点头。

在这以后，学校再没有收到这位家长的投诉。

焦吉利

课程产品制作人
突破式沟通授权讲师
DISC授权讲师项目A19毕业生

提升工作效能：突破式沟通的运用与秘诀

在 2023 年 3 月之前，我在呼和浩特一家 K12 教培机构担任教学教研副校长，承担初中数学、物理两门学科的教学工作。没有疫情，或许我的转型会更加平稳。我可能会有更多的时间沉淀下来，好好完成论文，申请博士学位，或是安心准备公务员考试。可惜没有如果，也幸好没有如果。疫情的到来，无疑给我的生活带来了许多的不便，但是同时也给我带来更多的机遇。

3 月，DISC＋讲师认证项目在北京开班，我很幸运推了自己一把，3 月 18 日以新同学的身份参加 A19 班，4 月 29 日以助推的身份参加 A20 班，5 月 18 日以分享嘉宾的身份与海峰老师同台演讲。

我们无法选择起点，但我们可以选择前行的方式，只要加速度够快，我们依然可以冲向前面的梯队。

我的加速度来源于三个部分，第一部分是参加私享会，我学到了关于课程开发制作的技术，学习了内容产品战略规划、内容萃取、内容设计、内容开发与优化等方面的技能。

第二部分是加入 DISC＋讲师认证项目，我知道了凡事必有四种解决方案，懂比爱更重要。DISC＋讲师认证项目为我提供了一个全新的视角，让我重新审视自己的教学方式，以及与人沟通的方法。

第三部门是学习突破式沟通，在分享这门课程带给我的巨大改变之前，我想先问大家一个问题："在突破式沟通这 5 个字里面，哪些字更重要？"

我个人认为是沟通更重要，参加 DISC 学习时，我右手放在胸前，我发誓我一定会照顾好生命中遇到的每一位 S 特质人士，包括我自己。但在生活或工作中，遇到问题如果连沟通都没做，只是默默接受，那还谈什么突破？表达情绪，哪怕是发个火也是沟通的一部分，别人都这样伤害我了，怎么能只有我一个人受伤嘛？这是学突破式沟通之前的想法，学完课程后我知道了一套密码，突破式沟通 335 密码，简单来说就是安装三道防火墙，突破三个沟通死角，按照五步流程走。再简单一点就是四个字，先跟后带，跟就是跟着对方说出事实，跟对方的情绪在一起，跟对方的价值观在一起，跟对方的身份在一起；带就是往我们想要的方向带，跟比带更重要。

具体怎么操作呢，我们通过两个例子看一下。

之前，我报了一门199元的小课程，除了课程，还获赠15分钟大咖一对一的交流。老师上来先问："你主要是做什么的？"我说："现在我主要帮一些老师制作课程产品。"老师说："那你这个不好变现啊，有内容的老师都自己做课了，干吗要找你呢？如果再帮你做定位和产品规划，周期太长了，那咱们今天就先聊到这里吧。"

当时我就愣愣地说了一个字："好。"心里想的却是："好歹我也是付费用户，说好的可以一对一聊15分钟，就这么草率的吗？"

如果是现在，我会回复一句："是啊，老师，原来您是这么想的！谢谢您告诉我，我也没时间重新做定位，还有客户在等着我帮忙做内容的萃取和梳理，我就先去忙了，再见。"

这个场景下，我与这位老师共同的价值观是时间紧、提高效率，那我就可以往这个方向"带"，不过也不能让自己吃亏。

第二个例子是在我学完这门课之后发生的。

客户说："我想出一门课，专门拆解话术的底层逻辑，销售话术作为引流课会比较有卖点。"

我回应道："可以，引流课把逻辑拆解了，在正课设置上需要微调。"

客户说："我想想要怎么和你表达这事情，我不专业，可能会有点混乱。"

我："没事的，我明天再去您办公室一趟吧，见面聊效率更高。"

客户无法清晰地表达，又想要快速解决这个问题，在"跟"的时候要给对方信心，表达我可以协助解决，"带"是往见面聊这个方向带，面谈可以更好地解决客户的需求。

第二天，我和客户见面后聊了几句，对方直接说报价吧。我报完价，客户就直接转定金了，转钱的速度快到我都懵了，这么简单就成交了。

当然，突破式沟通不仅有利于与客户的沟通，还可以解决与对立的部门、情绪化的同事、固执的下属，以及青春期的孩子等的各类困难沟通问题。

总的来说，从原来的教培机构老师，到现在的课程产品制作人，我的转型并非一帆风顺，但正是因为这些挑战和磨难，让我更加成熟，更加深入地理解生活和工作。

在转型过程中，我曾经感到迷茫，我曾经感到无助，我曾经痛苦万分。每一个困难，每一次挫折，都成为我前进的动力。幸好，我得到了很多位温暖的DISC＋社群伙伴的陪伴与支持。

我想，这就是人生的奥秘所在吧。我们每个人都是生活的导演，我们每个人都可以选择自己的生活方式。我们无法改变过去，但我们可以决定未来。我们无法选择起点，但我们可以选择前行的方式。只要我们有足够的勇气，有足够的决心，有足够的毅力，我们就一定能够实现我们的梦想，我们就一定能够到达我们想要去的地方。

郑文华

高级礼宾礼仪培训师
突破式沟通授权讲师
DISC国际双证班F50毕业生

知己知彼，有沟必通

这个世界上，沟通无处不在。无论在生活中，还是工作中，沟通越畅通，沟通越频繁，能够带给我们内心的快乐也就越多。有的时候，当我们安静下来，也在和自己的内心沟通。

职场礼仪中讲到沟通，首先强调有极强的礼仪修养，比如说尊重女性，尊重老人、尊重弱势群体。

其次是要拥有得体、端庄的外在形象。我们在礼仪培训当中，经常听到一句话："如果在七秒钟内，你无法打动对方，你将要花三年的时间来获得别人对你的信任。"可见外在形象在与人交往和与人沟通的过程中的重要作用。

最后是有风度的沟通，一定是和良好的声音分不开的。再有

内涵，再有文化，也要通过良好的声音来传递给他人。深度的沟通，也需要用有质感、有感染力的声音来传递思想和内涵。

此外，我认为在沟通中，打动人心的沟通也是有技巧的。在现代社会，说话的方式和沟通技巧对于人际关系和职场成长至关重要。突破式沟通的五步法可以帮助我们在不同场合更加有效地沟通。

小明和小杨是同事，他们经常因为工作中的问题产生分歧。某天，小杨负责的一个项目出现问题，导致客户抱怨。小明认为这是小杨的失误，小杨则认为小明没有给予足够的支持。面对这样的矛盾，又该如何处理沟通呢？下面我们运用突破式沟通的五步法来解决分歧。

第一步：建立关系。在双方开始沟通之前，一边倾听对方的投诉，一边在脑海中思考"对方为什么生气"，认真倾听，以建立关系。

小杨提醒小明，大家都是为公司的利益而工作，共同目标是客户的满意度。通过这种方式，他们摒弃了彼此之间的敌意，转而关注如何解决问题。

第二步：厘清情绪。

在建立关系的基础上，小明和小杨明确了他们属于同一阵营，他们都是为公司服务客户，各自的负面情绪得到了些微缓解。他们利用同理心，站在彼此的角度，说出对方遇到的问题以及对方的感受。而小杨和小明的情绪是什么呢？小杨感到很委屈、感觉自己不被重视，明明自己兢兢业业，努力工作，但工作中一旦出现问题，面对客户的投诉，小明就会把问题归咎于自己；小明感到失望，他以为小杨能胜任工作，自己对他寄予厚望，没想到小杨负责的项目居然会被投诉。小杨因此知道自己是受重视的，而小明也通过小杨的表述得知，小明工作勤恳、努力，各自的情绪需求得到了满足。

第三步：还原事实。

小杨和小明开始详细讨论项目的问题，共同梳理事实。他们回顾了整个项目的进展，细致到从开始到现在的各个阶段，核对、整理这个过程中收到的意见，确认这些意见是否属实。这时，小杨和小明要适当地向客户提问，并记录听到的内容。越关键的事项，越要仔细、反复地和客户进行确认，这有助于他们客观地看待问题，避免出现情绪化的争执。

第四步：发掘价值。

为了解决问题，小杨和小明进一步分析问题背后的价值观念。他们发现，客户对产品的需求和期望是关键，只有满足客户的期望，才能提升客户的满意度。这使得他们重新审视问题，从客户的角度出发，寻找更好的解决方案。

第五步：找到方法。

在明确了价值观念之后，小杨和小明开始共同寻找解决问题的方法。他们制定了一个详细的计划，包括加强内部沟通、提高执行力，以及与客户进行积极沟通，了解客户的需求和期望。此外，他们还制定了一套风险预警机制，以便在项目中发现潜在问题并及时解决。

经过这五个步骤，小杨和小明成功地解决了问题，客户满意度得到了提高。同时，他们的关系也得到了加强，成为更好的合作伙伴。突破式沟通五步法为我们提供了一个有效的沟通模式，帮助我们在生活和工作中更加自信，从容地应对各种挑战。

在教育领域，家长与老师之间的沟通对孩子的成长至关重要。运用突破式沟通五步法，家长和老师可以更有效地沟通，共同促进孩子的发展。首先，双方需要建立关系，明确双方都是为了孩子的成长而努力。然后，厘清情绪，肯定双方为孩子健康成长所做出的努力。接着，还原事实，分析孩子在学习和生活中的表现。接下来，发掘价值，找到孩子成长的核心需求。最后，找到方法，制定教育方案，共同推动孩子的全面发展。

突破式沟通五步法简单易懂，旨在帮助大家，优化沟通效果。掌握突破式沟通对于个人成长和组织发展非常有意义。